고려와 원
간섭 속의 항쟁과 개혁 그리고 그 유산

동북아역사재단
교양총서 25

고려와 원

간섭 속의 항쟁과 개혁 그리고 그 유산

도현철 지음

동북아역사재단
NORTHEAST ASIAN HISTORY FOUNDATION

간행사

 우리나라를 둘러싼 동북아 지역의 역사 갈등은 여전히 한창이고, 점점 심화되고 있습니다. 우리 동북아역사재단은 2006년에 동북아 지역의 역사 갈등을 미래 지향적으로 해결하고, 나아가 역내 평화체제를 구축하려는 목적으로 출범하였습니다. 이때는 항상적으로 제기되고 있던 일본의 역사 왜곡에 더하여 고구려, 발해 역사를 둘러싸고 중국과 역사 분쟁이 일어났습니다.

 한국과 일본 사이의 역사 문제는 19세기 말 일제의 침탈과 식민지배 때부터 있어왔습니다. 지금도 일제의 식민지배에 대한 진정한 사죄와 일본군'위안부' 문제, 전쟁에의 강제 동원과 수탈, 독도 영유권 등을 둘러싸고 논쟁과 외교 마찰이 일어나고 있습니다. 중국은 개혁·개방 이후 급속하게 경제 발전을 이루면서 체제를 안정시키고 선린외교에 주력하였으나, 주변국과의 관계에서 주도권을 잡고자 하는 과정에서 자연스럽게 역사 문제를 둘러싸고 이웃과 대립하게 되었습니다. 그중 동북 3성 지역의 역사에 대해서는 이른바 '동북공정'을 통하여 중국 영토 안에서 일어났던 역사를 모두 자국 역사 속에 편입하고자 함으로써, 우리의 고대사(고조선, 부여, 고구려, 발해 등)와 충돌하게 되었습니다.

우리 재단은 이런 역사 현안을 우리 입장에서 연구하면서 다른 한편으로 우리 국민이나 다른 나라 사람들이 우리의 연구 결과를 같이 공유하고, 이를 쉽게 알 수 있도록 교양 수준의 책을 출간하게 되었습니다. 한·중·일 역사 현안인 독도, 동해 표기, 일본군'위안부', 일본역사교과서, 야스쿠니신사, 고조선·고구려·발해 및 동북공정 관련 주제로 우리 재단 연구위원을 중심으로 재단 외부 전문가들로 필진을 구성하였습니다.

모든 국민이 이 교양서들을 읽어 역사·영토 현안을 올바르게 인식하고, 나아가 우리가 동북아 역사 갈등을 주도적으로 해결하여 평화체제를 이룩하는 데 주역이 되기를 바랍니다.

동북아역사재단

이사장

------ 책을 내면서 ------

 고려와 몽골(원)의 관계는 거란군을 격퇴하기 위하여 몽골이 고려에 들어온 고종 5년(1218)부터 북원이 멸망한 우왕 13년(1387) 사이에 이루어졌다. 그중 몽골이 고려를 침입한 뒤 강화협정을 맺은 1259년과 공민왕의 반원 개혁이 마무리된 1356년은 중요한 역사적 기점이라고 할 수 있다.
 고려와 몽골(원)의 관계는 한국 역사상 독특한 위치를 차지한다. 몽골은 유목 국가로서 중국에서 서아시아, 동유럽에 걸친 대제국을 건설하였다. 그리고 고려를 침략해 국토를 유린하고 문화재를 파괴하며, 무엇보다도 백성을 죽이는 등 고려에 엄청난 고통을 주었다. 고려는 이에 저항해서 국왕과 지배층을 비롯하여 양인과 부녀자, 노비, 승려까지 몽골에 대한 항전을 전개하여 국가를 수호하고 역사와 문화를 보존하려고 하였다. 고려는 몽

골과 강화 협정 후 개경 환도를 이룬 후에는 천자·제후라는 새로운 외교 관계를 맺고 달라진 국제 환경에 적응하고자 하였다. 당시 몽골은 원나라로 국호를 정하고 중국화 정책을 추진하여 유교 문명국가의 전통을 계승하고 중국 역대 왕조의 일원으로 성장하고 있었다. 강화 협정 이후 고려와 몽골(원)이 밀접한 관계를 맺었던 90여 년의 기간은 고려로서는 전통적인 중국과의 외교 관계에서 볼 때 자주성이 훼손되고 간섭을 강하게 받았던 시기였다. 그러나 세계 문화의 중심인 원나라의 선진 문화를 수용함으로써 한국 역사가 한 단계 도약할 수 있는 역사적 계기가 되는 시점이기도 하였다.

그 중요성만큼이나 이 시기에 대하여 많은 사람들이 관심을 가졌다. 그런데 이 시기를 바라보는 이해에 시기마다 차이가 있다. 그 시기를 직접 겪었던 고려 사람들은 자신의 시대를 태평성대의 시기라고 하였다. 최해(1287~1340)는 "지금 원나라가 위에 있어 지극한 인과 풍성한 덕을 베풀어 천하를 기르고 있다. 고려는 첫 번째로 귀부歸附하였기 때문에 대대로 원나라 황실과 혼인하고 엄격하게 법도를 잘 지켜 상하가 서로 즐거워하며 변경에 조그만 긴장도 없이 풍년이 들고 있으니, 실로 천년 만에 오는 태평성대"(『졸고천백』)라고 평가하였다.

조선 후기의 위정척사파는 이와 생각이 달랐다. 이들은 중화와 오랑캐[華夷]를 구별하는 한족漢族 중심의 시각에서 몽골족을 미개한 야만으로 보고 그와 밀접한 관계를 맺은 고려를 비판하였다. "몽골이 중국 전체를 차지하자 고려 사람들이 몽골을 천지와 부모처럼 여기고, 몽골에서 왕비를 맞이해 들이고, 몽골에 딸을 시집보내고, 몽골에서 과거에 급제하여 몽골에서 관리가 되는 것을 영광으로 알았던 모든 일들을, 사람 사는 세상의 부끄러움을 모르는 행위로 보았던"(『중암별집』) 것이다.

현대의 한국사 연구에서는 이 시기를 원 간섭기라고 하여 외압·간섭이 이루어진 시기로 비판적으로 평가한다. 고려 국왕이 원나라 공주와 혼인하고 원나라에 의해 고려 국왕의 즉위와 퇴위가 결정되고, 고려 관제가 개편되고, 정동행성이 설치되어 그것을 통해 내정 간섭이 시도되는 등 정치·군사적 예속이 중국과 사대 관계를 맺었던 어떤 나라보다 강했던 것으로 파악한다.

역사는 미래학이라는 지적처럼 역사학에서는 현재의 문제의식, 시대적 과제 속에서 과거 역사적 사건이나 시대와 인물을 평가·재해석하는 과정이 중시된다. 그리하여 시대적 상황이나 역사적 과제의 변화에 따라 평가 기준이 달라지면서 기존의 평가를 재확인하기도 하고 새로운 해석을 제출하여 평가를 달리하기도 한다.

그렇다면 이 시기를 어떻게 보아야 하는가? 현대의 연구에서 외압과 간섭의 시기로 파악되는 이 시기를 당대의 유학자들이 긍정하였던 이유는 무엇인가? 그리고 당대인의 증언과 지금의 연구가 서로 다른 평가를 내리는 이유는 무엇이며, 그 사이에서 우리는 어떤 역사적 진실을 찾을 수 있을까? 이 책은 이러한 문제의식을 토대로 다음 사항에 유념하면서 그 해답을 찾고자 한다.

첫째, 몽골의 중국 지배와 고려의 항쟁의 성격을 평가하는 문제이다. 세계를 정복한 몽골(원)이 금나라와 남송을 멸망시키면서 강화도로 천도한 고려를 정복하지 않은 이유는 무엇이었을까? 또한 이에 대한 고려의 항쟁, 특히 삼별초의 항쟁의 성격을 어떻게 보아야 할까? 전자와 관련하여 몽골의 세계 지배를 위한 정복 전쟁의 특이성과 관련하여 살펴볼 필요가 있고, 몽골(원)에게 고려가 갖는 군사·경제적 효용적 가치의 여부도 고려할 필요가 있다. 후자와 관련해서는 무신 정권의 무력 기반이었던 삼별초가 대몽 항쟁에 앞장서는 국가 보위라는 측면과 지배층의 저항에 항거라는 측면을 종합적으로 보았을 때, 이들 삼별초를 어떻게 평가해야 하는가? 구국의 영웅들인가. 무신 정권의 하수인들인가 하는 점이다.

둘째, 고려와 원과의 사대 관계와 원의 외압, 간섭에 대한 고려 유학자들의 대응에 관한 문제이다. 원 세조 쿠빌라이가 고려 원종이 요청한 두 나라 사이의 왕실 혼인을 받아들인 이유는 무엇일까? 또한 고려를 없애고 원나라에 편입하는 입성론立省論이 제기되거나, 충선왕이 원에 의해 유배되고, 충혜왕이 압송되는 사건이 발생한 것에 대한 고려의 대응은 무엇이었을까? 이는 결국 원에 의한 내정 간섭과 그에 대한 고려의 대응을 살펴보는 문제이기도 하다.

셋째, 원의 지배와 간섭을 받는 시기에 단군에 대한 인식이 새롭게 제시되고, 기자에 대한 인식 역시 강화되는 역사적 배경을 살피고 그것이 갖는 의미에 대한 문제이다. 이를 통해서 이 시기의 단군과 기자 인식은 공민왕이 반원 개혁을 개시하는 원동력이 되고 친명 사대 정책으로 고려 국가의 독자성을 회복하는 바를 볼 수 있을 것이다.

넷째, 원의 간섭이 있었지만 고려가 유교 문화를 도입하려던 목적을 살펴보는 문제이다. 원은 한화漢化, 중국화 정책을 통해 중국 정통 왕조의 하나로 자리 잡고자 하였다. 고려는 원에서 유행하였던 유학 사조인 성리학을 들여왔는데, 성리학은 사회를 개혁하고 불교 사회를 유교 사회로 전환하는 데 사상의 기반이 되었다. 그러한 원 성리학은 어떤 성격의 학문이고, 성리학을 받아들여 고려 사회를 어떤 사회로 만들어 가려고 했을지 등을 살펴볼 것이다.

다섯째, 넷째와 관련해서 중국의 한족 문화가 담긴 원의 문화와 문명을 수용하고 조선 왕조를 건국하며 이루고자 한 유교 사회는 어떤 사회인지에 대한 문제이다. 유교 문화는 문치를 지향하고 인간의 도덕적 신뢰를 바탕으로 예와 덕에 의한 정치를 지향하였다. 그리고 형률을 이용해 타율적으로 인민에게 국역을 담당하게 하는 패도 정치보다는, 예악으로 백성을 교화시켜 자발적으로 복무하도록 유도해내는, 이른바 덕치와 왕도 정치를 추구하였다. 덕치의 근저에는 인륜의 수행을 통해 인간이 공동체적 삶을 이루어 내는, 유교적 문명국가를 지향하는 인식이 자리하고 있었다. 성리학 수용 과정에서 여말선초 유학자들이 이러한 덕치·왕도 정치의 지향을 통해 어떤 이상 사회를 꿈꾸었는지를 살펴보고자 한다.

이상과 같은 문제와 그에 대한 해답을 찾아가면서 현대를 살아가는 우리에게 주는 역사적 의미를 살펴보고자 한다. 이 책을 통하여 주변의 선진 강대국과의 관계를 슬기롭게 헤쳐 나가며 국가를 유지하고, 전통문화에 바탕한 외래문화를 수용하여 유교 문명사회를 건설하려 한 우리 조상들의 분투를 살펴보고자 한다. 더 나아가 이러한 분투가 자국의 이익을 위해 첨예하게 대립하고, 외국과의 교류가 긴밀해지는 정보화, 세계화 시대를 살아가는 우리에게 주는 역사적 교훈이 무엇인지 되새기는 계기가 되기를 기대한다.

이 책을 출간하는 데에 원 간섭기에 대한 문제의식과 연구 방법 그리고 새로운 자료의 발굴에 바탕하여 연구 성과를 제출하신 선생님들로부터 많은 도움을 받았다. 이분들 덕분에 이 시기의 역사상을 풍부하게 할 수 있었고, 미처 생각하지 못한 바를 알게 되었으며, 저자가 주장하는 바가 맞는 것인지 다시 한번 생각하게 되었다. 그리고 필요한 관련 자료를 제공해 주신 선생님과 기관 그리고 다 일일이 밝히지는 못하지만 많은 분들의 도움으로 이 책이 더욱 풍성해질 수 있었다. 일반교양서라는 점을 감안하여 각주와 원문을 달지 않고 뒤에 함께 모아 참고문헌으로 표시한 점을 밝힌다.

2022년 5월

도현철

〈자료〉목차

〈표지〉 1. 공민왕 부부 초상 (국립고궁박물관 소장)
2. 경천사지 10층 석탑 (국립중앙박물관 이뮤지엄 제공)
3. 파른본 삼국유사 (연세대학교 박물관 소장)

〈자료1〉 칭기스 칸 가계도
성백용 외, 2021, 『사료로 보는 몽골 평화시대 동서문화 교류사』, 이화여자대학교출판문화원, 15쪽.

〈자료2〉 몽골군의 세계 원정 경로
성백용 외, 2021, 『사료로 보는 몽골 평화시대 동서문화 교류사』, 이화여자대학교출판문화원, 16쪽.

〈자료3〉 몽골군의 고려 침략 지도
윤용혁, 2014, 『삼별초-무인정권·몽골 그리고 바다로의 역사』, 혜안, 121쪽.

〈자료4〉 삼별초의 항쟁로
윤용혁, 2014, 『삼별초-무인정권·몽골 그리고 바다로의 역사』, 혜안, 278쪽.

〈자료5〉 고려 왕과 원 공주와의 혼인도
이승한, 2015, 『몽골과 고려 ③ 고려왕조의 위기 혹은 세계화시대』, 푸른역사, 8쪽.

〈자료6〉 충선왕의 원나라 유배와 유람
박종기, 2019, 『고려열전 -영웅부터 경계인까지 인물로 읽는 고려사』, Humanist, 201쪽.

〈자료7〉 경천사지 10층 석탑 (옥재원 선생 제공)

〈자료8〉 『삼국유사』 권 1~2 (파른본 삼국유사, 국보 제306-3호) (연세대학교 박물관 소장)

〈자료9〉 이곡의 원 관료 생활

〈자료10〉 원 과거 시험 답안지(『어시책』) (연세대학교 학술문화처 도서관 소장)

〈자료11〉 개성의 성균관

〈자료12〉 원 북경 고관상대의 간의 (박종진 교수 제공)

〈자료13〉 원 북경의 국자감

〈자료14〉 고려와 조선에 도입된 대표적인 원(1260~1352)의 간행 서적

〈자료15〉 이색의 과거 시험 답안지(『동인책선』) (서울대학교 규장각한국학연구원 소장)

〈자료16〉 설장수의 명 사신 이력

〈자료17〉 포항(장기)의 설장수 유배지 (포항시청[장기 유배 문화 체험촌] 제공)

• 자료를 제공해 주신 기관과 선생님께 감사드립니다. 저작권자를 찾지 못해 게재 허락을 받지 못한 자료에 대해서는 저작권자가 확인되는 대로 게재 허락을 받도록 하겠습니다.

차례

간행사 4
책을 내면서 6
〈자료〉 목차 13

제1장 몽골의 침입과 삼별초의 항쟁
1. 몽골(원)의 중국 지배와 중국화 정책 19
2. 몽골의 침입과 고려의 항쟁 28
3. 삼별초의 성격 34

제2장 고려와 원의 사대 관계와 고려의 대응
1. 고려와 원의 사대 관계와 왕실 혼인 45
2. 원의 정치적 간섭과 충혜왕의 압송 그리고 고려의 대응 56
3. 원의 환관 고용보와 경천사지 10층 석탑 71

제3장 단군과 기자의 역사 인식과 공민왕의 반원 개혁
1. 단군과 기자의 역사 인식 79
2. 원 관료 이곡의 국가관 87
3. 공민왕의 반원 개혁과 등거리 실리 외교 96

제4장 원 문화 수용과 성리학적 개혁

  1. 원 문화 수용과 전통문화의 존중   **111**

  2. 성리학의 실천 윤리와 서적 도입을 통한 신지식 수용   **127**

  3. 원 유학파 이색의 성리학적 개혁과 창왕 입조(入朝) 실현 노력   **138**

제5장 원 학술의 활용과 조선의 유교 문명화

  1. 원 학술의 활용과 허형의 문묘 배향   **155**

  2. 원 귀화인 설장수의 외교 활동과 외국어 교육   **163**

  3. 조선의 유교 문명화와 소중화   **175**

에필로그 : 원 간섭기를 어떻게 볼 것인가?   **189**

참고문헌   **194**
찾아보기   **201**

제1장

몽골의 침입과 삼별초의 항쟁

1

몽골(원)의
중국 지배와 중국화 정책

1206년에 쿠릴타이khuriltai, 몽골의 왕족, 장수들이 참여하는 최고 의사 결정 회의에서 칸khan으로 즉위한 칭기스 칸Ching khan(1155~1227)은 유목 부족을 통일하고 중국과 서아시아, 동유럽을 정복하는 몽골 대제국을 건설하였다. 12세기 몽골 지역을 비롯하여 중앙아시아에는 초원 지대를 이동 생활하는 유목 부족들이 많이 살았다. 몽골은 이러한 유목 부족을 통일하고, 정착 생활을 하는 농경 지대까지 세력을 확장하여 중국까지 지배하게 되었다. 원래 유목 사회는 가축과 목축민, 방목지를 근간으로 하는 목축 경제에 기반을 두고 가축 생산물을 의식주로 충당하는 생활을 하였다. 하지만 이들만으로는 경제생활을 독자적으로 운영하기가 어려워서 농경 지역의 생산물에 의존하지 않을 수 없었고, 교역이나 강제로 탈취하는 방법을 택해왔다. 대체로 유목 국가는 농경 국가를 군사적으로 굴복시키되 붕괴시키지 않은 상태에서 정기적으로 충분한 양의 물자를 공급받는 방법을 구사하였고, 농경 국가의 저항이 거세지면 정권을 세워 대리 통치하게 하기도 하고 자기들이 직접 지배하기도 했다.

몽골의 주변 지역 정복은 칭기스 칸태조(1206~1227)·우구데이태종(1229~1241)·구육정종(1246~1248)·뭉케헌종(1251~1259)까지 이어진다. 뭉케의 동생으로 쿠빌라이·훌레구·아릭 부케가 있었다. 세계 정복을 추진한 몽골은 서쪽에 페르시아와 남쪽의 중앙아시아를 경략하고, 동방의 금나라와 남송을 복속시키고자 하였다. 중국 중원을 지배하고 있던 금나라에 대한 몽골의 공격은 1211년 시작되었다. 금나라는 몽골에 항복하여 화해를 통한 조약을 맺었지만 몽골군의 공격은 이어져 마침내 1234년 2월에 금은 멸망하였다. 다음 목표인 남송을 멸망하기 위해 몽골은 고려를 먼저 제압하고자 하였다. 몽골은 1231년에 고려를 공격하였고, 뒤이어 남송에 대한 공격을 1236년에 시작하였다. 몽골 내부에서 황제인 구육이 3년 만에 죽고 뭉케가 즉위하여 체제를 정비하면서 남송에 대한 공격을 다시 시작하였다. 뭉케는 정복 전쟁 수행에서 훌레구를 서정군으로 북시리아를 공격하고, 쿠빌라이를 동정군으로 남송을 정복하도록 하였다.

그런데 뭉케와 쿠빌라이는 전략상 의견 차이를 노출하였다. 쿠빌라이가 운남雲南, 대리大理 지방에 대한 원정을 통하여 남송

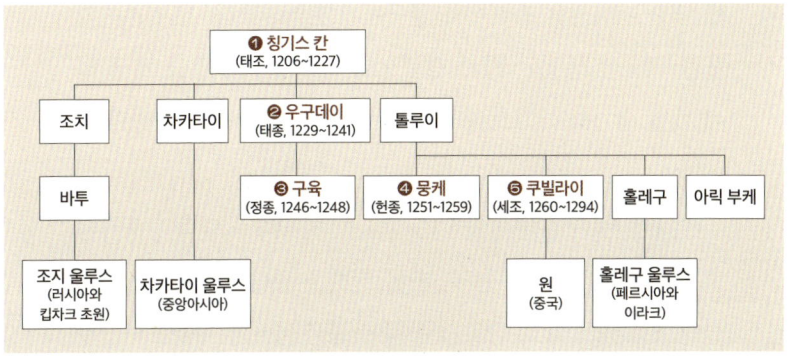

자료1 | 칭기스 칸 가계도

을 측면 혹은 배후로부터 공격하는 장기전을 구상하였다면, 뭉케는 단기전에 의한 결전을 요구하며 남송전에 참가하였다. 1259년에 뭉케가 남송과의 전투에서 갑자기 죽자 정세는 급변하였다. 쿠빌라이(세조, 1215~1294, 재위 1260~1294, 몽골 5대 황제, 원나라 초대 황제)는 개평부開平府에 있던 금련천金蓮川의 초원으로 북상하여 자파만의 쿠릴타이를 열고 대칸에 추대되어 즉위하였다. 몽골 본토의 중앙에서 쿠릴타이를 열어 즉위한 아릭 부케가 대칸으로 있었지만, 1264년에 아릭 부케가 쿠빌라이에게 굴복함으로써 쿠빌라이가 진정한 황제로 자리하게 된다. 세조 쿠빌라이는 처음 연호를 중통中統(1260~1263)이라 하였지만, 아릭 부케가 투항하자 지원至元(1264~1294)으로 바꾸었다. 이때 쿠빌라이는 제국의 분할 통치를 단행하여 서아시아와 중앙아시아에 대한 지배권을 훌레구와 알구에게 위임하였다. 그 이전까지 몽골 제국이 통일된 지배 정책으로 나아갔다면, 몽골 제국 하에 개별 국가의 독자성을 인정하는 지배 정책을 추진하였던 것이다.

황제가 된 쿠빌라이(세조)는 중국을 지배하기 위하여 중국의 고유한 풍속을 존중하는 한화漢化 정책을 폈다. 그는 중국의 사상인 유교를 국교로 삼고 전통적인 중국 제도를 따랐으며, 『주역』의 "위대하도다 건원이여, 만물이 시작이다"를 활용하여 원元이라는 중국식 왕조명을 채택하였다. 또한 그는 수도를 카라코롬和林에서 개평부(상도)와 연경(대도)으로 옮겼는데, 이는 유목민의 계절 이동 생활 양식과 통치를 위한 정치 체제를 동시에 고려한 조치라고 한다.

쿠빌라이는 처음에 몽골의 법제를 고수하고 중국의 고유한 법제나 관습을 인정하지 않았지만, 중국을 효과적으로 다스리기 위하여 한인漢人 관리를 등용하고 중국의 제도를 들여왔다. 선무사·안무사·권농사 등의 중국식 관료를 두어 생산을 독려하고 세금을 감면해 주고 농업을 장려하면서 정치적 기반을 닦았다. 그리고 유학자를 등용하고 학교를 설립했다. 요추(1202~1279)와 조복(1215~1306) 등의 유학자를 초빙하고, 양유중(1205~1259)의 제의로 태극 서원을 창립하였다. 금나라 때인 1217년에 설립된 집현원을 한림국사원으로 만들고, 1287년에

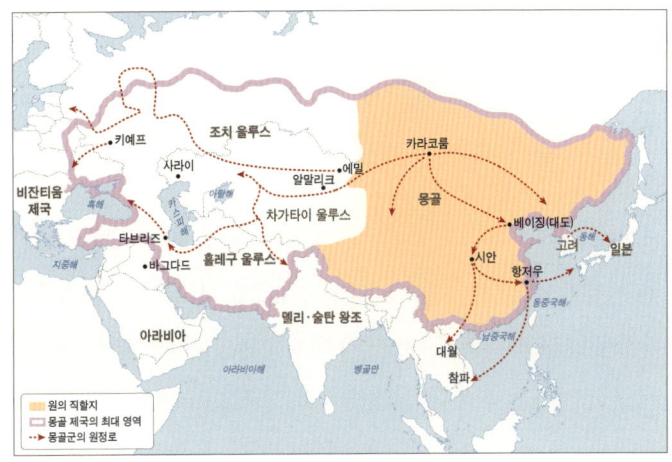

자료2 | 몽골군의 세계 원정 경로

국자감을 세워 학칙을 정한 뒤 허형許衡(1209~1281)을 국자좨주 겸집현전학사로 임명하여 이를 관장하게 하였다. 여기에는 공자, 맹자의 가르침인 유학이 중국 농경 사회의 이념에 적합한 사상으로 중국에 대한 효과적인 지배에 불가피하다는 인식이 전제되어 있었다. 이는 전통적인 정복 위주의 체제가 지배·관리 위주로 바뀌는 것으로 몽골족 입장에서는 지배 방식의 큰 전환이라고 할 수 있다.

이민족인 몽골족은 유목 이동 경제의 관습과 제도에 익숙하여 한족漢族의 농경 생활, 정착 생활의 관습 및 제도와 어울리기 쉽지 않았다. 더욱이 한족의 문화적 우월 의식을 바탕으로 성립한 유교를 수용하기는 더욱 어려웠다. 하지만 중국을 효율적으로 지배하고, 유교 문화에 익숙한 고려와 안남과 같은 중국 주변의 국가를 아우르는 국제 질서를 확고히 하기 위해서는 유교를 현실로 인정할 수밖에 없었다.

이때 몽골은 중국 문화를 수용하면서도 고유의 문화를 보존하고 발전시키는 정책을 함께 추진함으로써 자신의 정체성을 잃지 않으려고 하였다. 이는 거란(요)·여진(금) 등 유목 민족들이 중국 지배를 위해 추진한 중국화 정책으로 인해 결과적으로 중국에 동화同化된 것과 대비되는 것이었다. 몽골은 자신의 문자를 만들고 역사(『원조비사』)를 편찬하는 작업을 동시에 진행하며, 중국 정통 왕조의 하나로서 중국 문화의 계승자이면서 중국 문명, 나아가 세계 문명의 주인공으로 변화 발전해 가고자 하였다.

원나라는 송 대에 형성된 성리학性理學, 道學을 관학官學으로 삼고 과거 제도를 실시하였다. 시험 과목은 유교 경전인 사서오경四書五經을 시험하되, 주희의 주석을 가한 『사서집주』를 텍스트로 채택하였다. 1343년(지정 3)에 『요사』·『금사』·『송사』가 편찬되었는데, 『송사』에는 중국 역대의 왕조사인 25사史와 달리 유림전儒林傳과 별도로 도학전道學傳을 두었다. 도학전은 총 4권으로 되어 있는데 권1에는 주돈이와 이정二程, 장재張載, 소옹邵雍이 실려 있고, 권2에는 이정의 문인들[程氏文人], 권3에는 주희朱熹, 권4에는 주희의 문인[朱氏文人]들이 수록되어 있다. 도학전 서문에, 삼대 전성기에는 천자가 이 도道로써 정치하고 대신과 백관들이 이 도로써 업을 삼으며, 당대의 군주들이 하늘의 덕天德과 왕도의 정치를 행하려면 반드시 도학道學을 법으로 삼아야 된다고 하였다. 이는 『송사』에 성리학을 근간으로 하는 군자소인론에 의한 인물 평가 기준을 마련한 결과라고 할 수 있다.

원나라는 유교의 여러 내용 가운데 직분과 그에 연관된 윤리론을 중시하였다. 유교에는 한족과 비한족을 구분하는 이른바 화이華夷 개념이 있었다. 유교를 습득하여 윤리 도덕적 생활을 하는 문명의 한족漢族인 화華와 미개한 야만인 오랑캐夷를 구분하는 것이다. 몽골족 원은 유교의 화이 개념에서 보면 야만의 오랑캐이다. 몽골은 이러한 유교의 화이 개념을 이해하고 이민족에 배타적인 한족 중심의 유교 전체를 받아들일 수 없었다. 그러므로 몽골(원)은 유교 가운데 중국의 한족 지배에 유리한 것들만을 받아들였다. 곧 종족을 강조하는 화이론이나 도덕·의리를 중시하는 명분론보다는 개인의 도덕 수양을 강조하고 자식과 신하는 주어진 직분에 충실하라는 윤리론을 강조하였다.

이민족인 몽골(원)이 유교를 국교화하고 진흥하는 데 기여한 인물은 허형이다. 그는 회경부懷慶府, 하남성 사람으로, 두묵竇默(1196~1280)과 요추로부터 성리학을 배웠고 주희 주석의 사서오경을 익혔다. 특히 『소학』에서 강조되었던, 집안을 청소하고 손님을 응대하는 기본적인 행동들을 바탕으로 공부와 덕을 쌓는 것을 중시하였다. 허형은 32세부터 73세로 죽기까지 많은 학생을 가르쳤다. 원 세조의 즉위 전에는 경조제학京兆提學을 맡았고, 세조 즉위 후에는 집현대학사集賢大學士 겸 국자좨주國子祭酒로서 교육을 주관하였다. 그는 원의 학교 교육을 책임지면서, 성리학이 지배 계급뿐만 아니라 전국적으로 보급하는 데 기여하였다. 그는 1265년에 당시 원나라가 지향하는 유교 이념을 제시한 5조항의 상소를 올렸는데, 그 내용은 국가 체제를 규모 있게 갖추고, 중국의 법[漢法]을 행할 것, 법을 만들고 인재를 등용하며, 덕을 쌓고 현자를 등용하며 백성을 사랑할 것, 성군의 도인 농사를 진흥하고 학교를 세울 것, 그리고 백성의 마음을 안정시킬 것 등이었다. 중국의 법인 유교를 확산하고 학교를 설치하며 군주는 덕을 쌓고 어진 사람을 등용하며 백성을 안정시키라는 것이다. 유교 이념의 실천을 통한 원의 한화 정책을 독려하고 유교 문명국으로의 전환을 도모하였다.

허형은 『소학』과 『사서』를 신명神明처럼 존중하고 신뢰하며 이를 실천할 것을 주장하였다. 이기理氣와 태극을 기반으로 우주와 자연에 대한 근원적인 탐구나 인성人性과 심心의 문제를 깊이 있게 천착하기보다는 마음을 바르게 하고, 경敬을 중심으로 한 수양론, 실천 윤리를 내세웠다. 그는 『대학』에 근거해서 학생의 학습 생애를 소학과 대학 두 단계로 나누는 것을 주장하였다. 그는 어린아이가 여덟 살이 되면 소학에 입학하고 청소하고 어른들을 대하며 상황에 대처하는 방법과 예절·음악·활쏘기·말타기·글쓰기·셈하기[禮樂射御書數]를 배우고, 열다섯 살이 되면 대학에 입학하고 사물을 궁구하고 마음을 바르게 하며[窮理正心] 수양하고 다른 사람을 다스리는 도를 배워야 한다고 주장하였다. 그리고 소학이 대학에 진학하기 위한 단계이며, 아동이 소학에서 마음의 덕성을 기르고 나아가 대학에서 의리를 살펴야 한다고 역설하였다. 1287년 허형의 제자인 야율유상耶律有尙이 국자좨주國子祭酒로 임명되어 허형의 교육 방법과 사상을 그대로 계승하여, 『소학』과 『사서』를 주로 하는 학습 체계를 확립하였다. 이때 독서의 순서는 먼저 『효경』·『소학』·『논어』·『맹자』·『대학』·『중용』을 익힌 다음에 『시』·『서』·『예기』·『주례』·『춘추』·『역』을 익히는 것이었다. 이러한 학습의 순서와 내용은 직접적으로 1313년에 부활된 과거의 과목에 영향을 미치게 되었다. 1291년에 원 세조가 강남제로江南諸路와 모든 현의 학교에서 소학을 설치하라고 하였다. 원나라의 관학, 즉 성리학의 대표적인 유학자인 허형의 실천 윤리적인 성격은 당대의 주류적인 학풍이 되었고, 뒤에 설명할 고려와 조선 사회에 큰 영향을 주었다.

2

몽골의 침입과
고려의 항쟁

　초원 유목 지대에서 성장한 몽골은 세계 정복을 추진하기 위하여 주변 지역을 점령하면서 급기야 고려를 침입하였다. 고려와 몽골의 관계는 함께 거란군을 무찌르는 것에 유래한다. 고종 3년(1216)에 몽골군이 금나라(1115~1234)를 공격할 때 거란족의 일부가 몽골군을 피해 압록강을 건너 고려의 강동성을 점령하였다. 이에 고려와 몽골 두 나라는 합동 작전을 펼쳐 거란군을 진압하고 고종 6년(1219) 1월 형제 맹약을 체결했다. 형제 맹약은 몽골이 먼저 요구하였는데, 이는 100년 전인 예종 12년(1117) 금나라가 고려에 형제 맹약을 요구한 선례를 따른 것이다. 이로부터 고려는 몽골에 신하를 칭하며 표문을 올리고[稱臣上表] 공물을 보냈다. 이때 몽골이 요구한 고려 국왕의 친조는 수용하지 않았다. 형제 맹약의 성격을 볼 때, 고려에서는 강화講和로,

몽골에서는 투바投拜로 표현하듯이, 동일 평면의 비교적 대등한 관계라는 전자의 견해와 상하가 명확한 군신 관계라는 후자의 견해가 있었다.

그런데 1225년에 몽골 사신 제구유著古與가 돌아가는 길에 피살되는 사건을 계기로 양국 관계는 악화되었고, 몽골이 1231년에 금나라 정벌을 개시하면서 살리타撒禮塔를 원수로 하여 고려를 침공하였다. 몽골은 금나라와 조공·책봉 관계를 맺고 있던 고려가 금나라와 군사적으로 결합할 가능성을 차단하기 위하여 배후의 위협이 될 수 있는 고려를 공격하여 이 우려를 없애고자 하였다. 결국 이는 몽골의 세계 정복 차원에서의 공격이라고 할 수 있다.

몽골의 침입으로 고려 국가가 유린되고, 대다수 백성들은 큰 고초를 겪었다. 몽골은 제1차(고종 18년[1231])부터 제6차(고종 41년[1254])까지 고려를 침입하며 경기와 강원을 넘어 안동·상주·경주의 경상도까지 침략하여 국토를 유린하고 사람들을 죽였다. 이규보는 "호랑이가 고기를 고르듯 사방을 유린하던 완악한 몽골군에게 살육당해 길에 낭자하게 버려진 이들이 한둘이 아니다"라고 하였다. 당시에는 무신 정권이 무신들을 관료로 대거 등용하고, 이들에 의한 수탈이 가중되어 농민 반란이 발생하고 있었다. 강화도 정부가 일반 백성으로부터 각종 세금을 평상시처럼 거두어들이고 지방관의 수탈이 가중되자, 백성들이 몽골

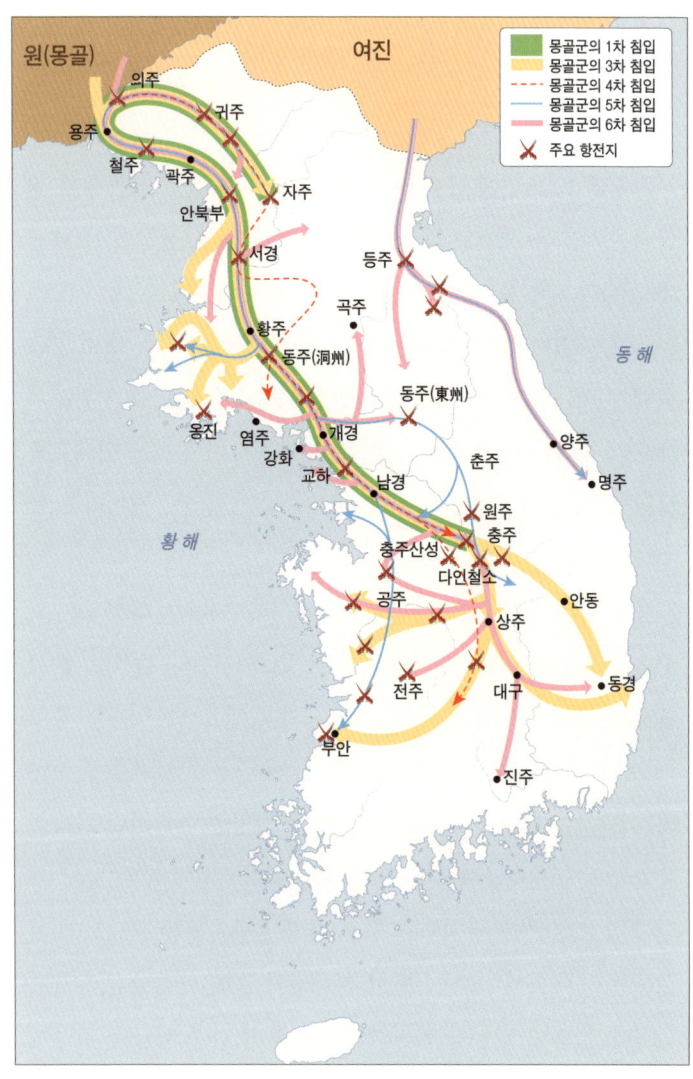

자료3 | 몽골군의 고려 침략 지도

에 투항하는 현상이 나타났다. 심지어 정부의 수탈에 견디지 못한 백성들은 몽골군이 오는 것을 반겼다고 한다.

하지만 대다수 고려인들은 몽골과 맞서 싸웠다. 1차 침입 때 귀주성 전투에서 박서의 군대는 몽골군을 격퇴하여 몽골군은 구주성을 돌아서 남으로 진격할 수밖에 없었고, 고종 23년(1236)에 충청도 온양의 향리는 지역민과 함께 몽골군에 맞서 싸웠다. 상주 백화산에서는 승려가 야음을 틈타 몽골군을 계곡으로 유인하고 얼어붙은 폭포 아래로 밀어내 떨어뜨리기도 하였다. 고종 40년(1253)에 다인철소多仁鐵所, 충주 주민들은 열악한 상황에서도 철鐵이 몽골 수중에 들어가지 않도록 하였다. 고려 조정에서 강화 논의가 활발하게 전개되고 원종 11년(1270) 개경 환도가 이루어지자, 삼별초가 봉기하여 1273년까지 몽골군과 맞서 싸웠다.

당시 고려에서는 항전론과 강화론이 제기되었다. 처음 몽골이 침입할 때 대세는 강화론이었다. 1231년에 강화 천도에 대하여, 유승단은 "작은 나라가 큰 나라를 섬기는 것은 이치에 맞는 일이다. 예로써 섬기고 신의로써 사귄다면 저들이 무슨 명분으로 우리를 괴롭히겠는가?" 하였다. 『맹자』의 지자智者만이 소국으로서 대국을 섬길 수 있다는 말을 참고한 것이다. 최우(?~1249)를 중심으로 한 무신 정권은 항전을 주장하였고, 문신 관료들은 강화를 희망했다. 권력을 장악하고 있던 최우 정권은 강화도로 도읍을 옮기는 천도遷都를 통하여 권력을 유지하고 체제를 안정시키고자 하였다. 몽골과의 강화 협정으로는 정권 유지가 어렵다고 본 것이다. 강화도 천도는 많은 관료들이 반대하였고 육지에 있는 대다수 백성들의 안위는 생각하지 않은 것으로 받아들여졌다. 강화도 천도에도 불구하고 육지의 백성들은 몽골과의 항쟁을 벌였다. 섬이나 산성으로 들어가는 소극적인 방법 이외에도 용인 처인성의 김윤후나 충주의 별초別抄처럼 몽골과 맞서 싸워 큰 공을 세우기도 하였다.

여기서 몽골의 고려 침입에 대해 생각해볼 필요가 있다. 몽골이 육지를 석권하고 고려 정부가 머물러 있는 강화도를 공격하지 않은 이유는 무엇일까? 몽골군의 기본 전략은 강화도에 대한 직접 공격보다는 내륙 지방을 석권하고 유린함으로써 강도 정부를 굴복시키는 것이었다. 강화도는 지리적으로 공격하기 쉽지 않은데다 3중의 성곽과 훈련된 수군 그리고 전선의 방어력이 집중되어 있어 간단히 공격을 결단할 상황이 아니었기 때문이다.

이에 대해 기존의 연구에서는 몽골군의 수전 능력이 약했기 때문이라고 지적하지만, 몽골군은 거란·여진·한족 등 다민족으로 구성된 군사 조직이라는 점에서 이러한 설명은 설득력이 떨어진다. 몽골이 금·송 전선에 집중하기 위해 고려를 중점 공격 목표로 삼지 않은 소극적 전략 때문이라는 지적 또한 받아들이기 어렵다. 몽골의 고려에 대한 공격은 1231년에 시작하여 1258년에 일단락되었는데, 금에 대한 공격은 1234년에 이미 종료되었고 남송에 대한 공격은 1258년에 본격화되어 금과 송에 대한 공격 시기와 겹치지 않기 때문이다.

또 다른 연구로 유목 국가들이 중국을 정복하여 직접 지배하기보다는 군사적 약탈과 위협을 통해 자신들이 필요로 하는 물자를 확보하려고 하였다는 견해가 있다. 흉노·돌궐·위구르 등은 중국에 대한 영토적 정복과 지배를 의도적으로 회피했고, 칭기스 칸 또한 애초 약탈—화친—공납으로 이어지는 일련의 전략을 구사하려고 하였다. 그러나 여진족이 세운 금나라가 1214년에 몽골과 화친을 맺은 후 수도를 중도中都에서 황하 이남의 개봉開封으로 옮겨 버리자, 칭기스 칸의 본의와는 달리 다시 전쟁을 할 수밖에 없었고 황하 이북의 영토를 지배하게 되었다는 것이다. 이러한 사실을 고려하면, 몽골이 강화도 공격에 소극적이었던 것은 유목 국가의 중국 지배 전략의 일반적 특성을 반영하는 것인 동시에, 고려의 끈질긴 저항에 대한 경험과 고려를 복속했을 때의 실익에 대한 회의가 작용한 현실적 판단의 결과일 수 있다.

3

삼별초의 성격

 삼별초는 좌·우별초와 신의군으로 구성되었다. 처음에 최우는 나라 안에 도적이 많으므로 용사들을 모아 매일 밤 순찰하면서 폭도들을 막게 하고 이를 야별초夜別抄라 하였다. 도적이 전국에서 일어나자 야별초를 각 지방에 보내 막도록 했고, 야별초 군사가 많아졌으므로 좌별초와 우별초로 나누었다. 또한 몽골에서 도망해 온 사람들을 모아 부대를 만들고 신의군神義軍이라 하였다. 이것이 삼별초였다. 삼별초는 1230년 무렵에 만들어져 여몽 연합군에 의해 진압된 1273년까지 44년을 존속한 셈이다. 삼별초는 최우의 사병으로 출발하여 무신 정권의 무력 기반으로 성장하였다.

 삼별초는 도적을 막기 위한 순찰, 치안을 유지하는 역할을 맡는 등 초기에는 공적公的인 성격을 갖고 활동하다가 권력자의 이익을 대변하는 기구로 변한 것으로 이해된다. 몽골의 침입을 방어하기 위하여 강화도로의 천도遷都가 논의될 때 야별초 장교 김세충이 천도에 반대하다가 죽임을 당하거나, 야별초가 치안 유지 등 국가적 일을 수행하고 국가로부터 전정田丁을 지급받는, 곧 경제적 지원을 받는 것에서 삼별초의 공적인 면이 드러난다고 하겠다. 수많은 대몽 항쟁에서 야별초는 몽골군과 맞서 싸웠고, 섬에 들어가 싸우는 등 현지 임무를 수행했던 것은 그들이 국가의 군대로서도 기능했다는 사실을 보여준다. 원종 원년(1260)에는 왕이 몽골에서 돌아올 때 태손太孫: 충렬왕이 삼별초를 거느리고 제포梯浦, 강화도에 나가 왕을 맞아 호위하였다고 한다. 삼별초는 최씨 정권의 사병적 성격에서 국가의 공적인 임무까지 수행하였다고 할 수 있다.

고려 정부는 1231년 강화도로 천도하여 1270년에 개경으로 환도하기까지 40여 년을 강화도에서 항쟁하였다. 관련 연구들에 따르면 강화도 정부가 오랜 기간 몽골에 저항할 수 있었던 것은 고려 정부가 지방을 효과적으로 장악하고, 조운로를 끝까지 확보한 결과라고 한다. 비교적 안정적인 조세의 징수와 재정 확보, 특히 곡물과 물자는 지방에서 조운으로 강화도에 운반하여 경제적 기반을 마련할 수 있었다는 것이다. 하지만 삼별초가 봉기하여 강화도와 진도, 제주도로 옮기는 과정에서 곡물과 물자를 안정적으로 실어나르던 조운로가 위협받게 되었다.

몽골과의 항쟁이 길어지고 피로감이 쌓이자, 문신 관료들은 전쟁의 피해를 명분으로 강화를 주장하였다. 이 무렵 최씨 정권 내부의 분열로 의견이 갈리고, 여기에 몽골에서도 요구 조건을 완화시켜 강화론이 확산되었다. 원종 10년(1269) 임연이 왕과 대립하다가 국왕을 폐위시키고 안경공 왕창을 세운 다음 교정별감이 되어 무신 정권을 재건하려고 하였다. 몽골에 가 있던 태자(후에 충렬왕)가 귀국 도중에 그 소식을 듣고 되돌아가서 군사 개입을 요청하자, 몽골이 군대를 파견하여 원종의 복위를 강하게 요구하여 관철시켰다. 복위한 원종은 원에 친조하였다가 임연의 숙청과 출륙환도를 위한 병력 지원을 요청하여 그 군대를 대동하고 귀국하였고, 이에 호응하여 홍문계·송송례·송분 등이 신의군을 이끌고 임유무 세력을 제거하여 무신 정권을 종식시켰다(1270년[원종 11]). 신의군 곧 삼별초가 무신 정권을 무너뜨리고 왕정을 복고하는 데 기여한 것이다. 최씨 정권과 임유무 세력이 야별초를 무력 기반으로 삼았던 것에 비해 신의군은 두 세력을 붕괴시키는 데 동원되었던 것이다.

1270년 5월에 원종이 개경으로 수도를 옮기려고 하자, 삼별초는 강화도에서 난을 일으켰다. 배중손과 노영희 등은 삼별초를 거느리고 승화후承化侯 왕온王溫, 원종의 6촌을 왕으로 삼아 관부官府를 설치하고, 대장군 유존혁, 상서좌승 이신손 등과 합류하였다. 이에 고려 국왕 및 몽골과의 협상을 주장한 강화파講和派

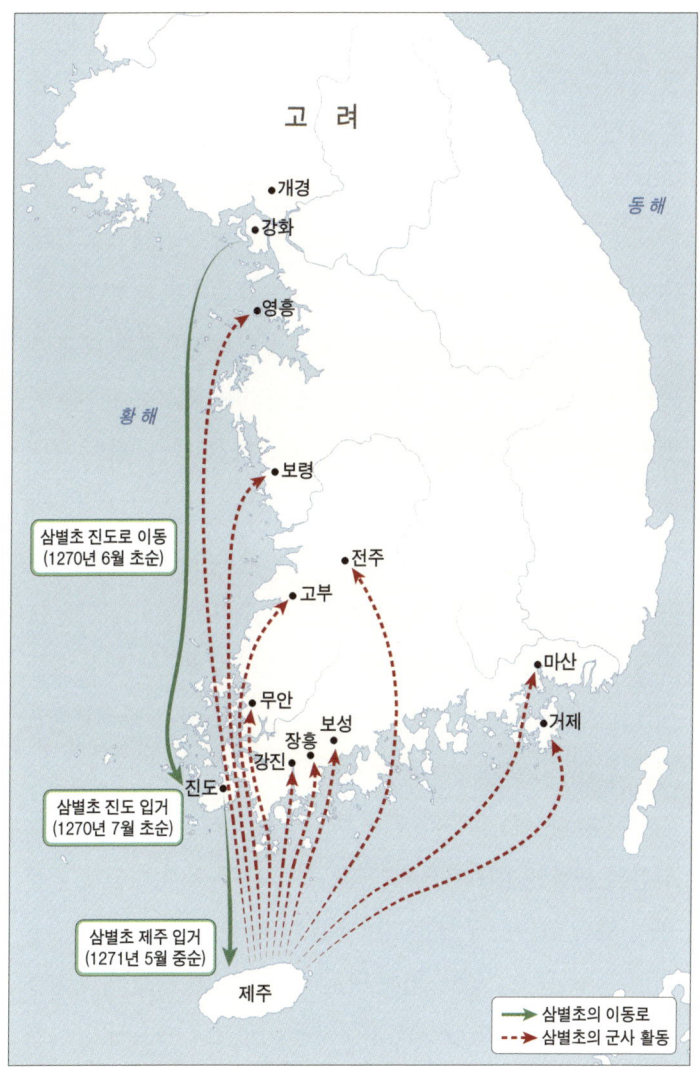

자료4 | 삼별초의 항쟁로

는 삼별초를 없애고자 하였다. 삼별초는 몽골과 항쟁하기 위하여 강화도를 떠나 진도를 새로운 수도로 정하였다. 삼별초는 원종 11년(1270) 8월부터 9월에 걸쳐 나주와 전주에 진입을 시도하였고 원종 12년(1271) 5월 몽골군의 집중 공격으로 진도가 함락되자, 다시 제주도로 근거지를 옮겼다. 삼별초는 제주에 상륙해 관군을 패퇴시켜 제주를 후방 기지로 확보하고, 경상남도 남부에 지배권을 유지(김해, 밀양, 남해, 거제, 합포)함으로써 1273년 고려와 몽골의 연합군에 의해 진압될 때까지 싸움을 계속할 수 있었다. 이처럼 오랜 시간 몽골에 끝까지 항쟁하기 위하여 새로운 정부가 필요하였고, 그만큼 삼별초는 단독 반란이 아니라 새로운 정부의 수립으로 평가되기도 한다. 몽골의 간섭 아래 놓인 개경 정부 대신, 삼별초의 진도 정부는 고려의 정통을 계승한 진정한 고려 정부로 행세하였다. 이를 두고 삼별초는 개경 정부에 대한 새로운 정부, 고려 역사상 두 개의 정부가 탄생했다고 평가한 연구가 있다.

이러한 사실은 일본의 귀족 일기인 『길속기吉續記』에 보인다. 일본의 문영 8년(1271) 8월 고려에서 보내온 문서 가운데 몽골병이 와서 일본을 공략할 것이라는 것, 쌀을 팔아달라는 것, 구원병을 청한다는 것이 있다. 이는 당시 고려가 몽골과 화의를 청하는 왕정복고가 단행된 시점이었기 때문에 납득하기 어려움이 있는 기록이었다. 그런데 '고려첩장불심조조高麗牒狀不審條條'

라는 문서가 이후 추가로 발견되어 『길속기』의 외교 문서가 개경 정부가 아닌 삼별초의 진도 정부에서 보낸 것임이 밝혀졌다.

고려첩장불심조조는 1977년 도쿄대 사료편찬소에서 발견되었는데 이는 삼별초가 진도에 있을 때인 원종 12년에 가마쿠라鎌倉 막부(1192~1333)가 교토 조정으로 보낸 외교 문서였다. 이 자료는 원종 12년(1271)에 진도 정부가 일본에 보낸 문서와 3년 전인 원종 9년(1268) 강화도 정부가 일본에 보낸 문서를 일본 측 실무자가 비교하여 의문점을 메모한 것이다. 일본 정부에서 비교의 대상으로 삼은 두 문서 중 원종 9년의 문서는 몽골 측의 요구에 따라 고려 정부가 작성한 것이고, 원종 12년의 문서는 진도의 삼별초 정부가 고려 정부를 자칭하여 몽골과 항쟁하는 과정에서 작성한 것이었다. 원종 9년의 문서에는 몽골 연호인 지원至元을 기록하고, 몽골의 덕을 찬양하고 군신의 예로써 설명한 반면, 원종 12년의 그것에는 연호가 없고 몽골을 오랑캐로 표현하고 원조를 요청하며, 삼별초 정부의 정통성과 정당성을 말하고 있었다. 이처럼 3년의 시차를 두고 보낸 두 편의 외교 문서의 내용이 상이하고, 고려의 태도가 바뀐 것에 대해 일본인 관리가 이상하게 여겨 의문점을 메모하기에 이르렀던 것이다.

몽골군과 항전한 삼별초를 어떻게 평가해야 할까? 삼별초는 왕실과 문신과의 정쟁에서 패배한 무신 정권이 일으킨 정치적 반란 세력의 일종으로 볼 수 있다. 삼별초의 입장에서 볼 때, 개경 환도는 무신 정권을 무너뜨린 세력이 외세 몽골과 결탁하여 개경으로 수도를 옮긴 것이었다. 삼별초는 이러한 몽골과 결탁한 고려 정부에 반감을 갖고 난을 일으켰던 만큼 대몽 항쟁을 전개한 백성들의 외세 저항과 유사하다. 즉 삼별초는 무신 정권의 일원으로 무신 정권이 패배하자 몽골 및 그와 결탁한 고려 정부에 대항한 것으로 권력 획득과 외세 저항적 대몽 항쟁의 성격을 동시에 갖게 되었다.

삼별초는 외세 저항의 명분으로 일반 백성들의 광범한 지지와 호응을 얻었고, 이에 또 하나의 고려 정부로서 존재하면서 몽골 및 몽골과 결탁한 개경 정부와 계속 항쟁을 할 수 있었다. 당시 백성들은 지배층의 수탈에 저항하였는데, 초적草賊은 지배층의 학정에 반대하여 궐기한 농민 반란군이었다. 그 와중에 몽골군이 침입하여 백성의 입장에서는 지배층 수탈과 함께 외세에 맞서 싸워야 하는 이중의 과제를 안게 되었다.

강화 천도 후인 고종 19년 정월에 몽골군이 충주에 이를 것이라는 말을 듣고 충주 부사와 판관은 성을 지킬 것을 의논하였는데, 의견이 같지 않았다. 곧 몽골군이 쳐들어오자 충주부사 우종주는 양반 별초를, 판관 유홍익은 노군奴軍, 잡류雜類로 구성된 별초를 거느렸다. 몽골군이 침입하자 충주부사와 판관은 도망갔고, 노군과 잡류들은 협력해서 싸워 이겼다. 몽골군이 물러가자 충주부사가 돌아와 관청과 사저에서 사용하던 은그릇을 검사하였는데 부족하였다. 노군들은 몽골군이 약탈했다고 했으나 충주부사는 노군들이 가져갔다고 했다. 노군이 이를 알아차리고 "몽골군이 왔을 때 모두 숨어서 성을 지키지 않았으면서 몽골군이 약탈해 간 것을 우리에게 뒤집어씌워 죽이려 하는가! 먼저 손을 쓰자"고 하였다. 그래서 자신들을 죽이려 했던 주모자를 죽이고 평소에 원한이 있던 주모자의 집을 불태웠다. 하층민을 포함한 일반 백성들은 지배층에게 수탈을 당하는 입장에서 자신을 보호할 세력들을 갈구하였던 것이다.

침략으로 고통받은 백성들에게는 몽골과의 강화가 새로운 권력층과 침략자의 결탁으로 보였다. 그리하여 백성들은 외세의 저항에 앞장섰다. 1271년에는 밀양인들이 삼별초 정부를 지지하며 봉기해 부사를 죽이고 인근의 청도와 선산까지 진출하였다. 같은 해 1월 개경의 관노官奴들은 관리를 죽이고 진도에 투항하였고, 대부도 주민이 섬에 들어와 약탈하던 몽골군 6명을 죽였다. 몽골군에 맞선 삼별초를 지방민들이 호응하고 나선 것이다. 백성들에게 지배층의 수탈을 막는 것도 중요하였지만, 몽골군이라는 외세에 대한 저항이 무엇보다도 중요하였다.

무신 정권을 무너뜨린 고려 정부는 삼별초를 없애는 조치를 취했고, 이에 삼별초는 반발하여 몽골이라는 외세에 저항한다는 명분으로 난을 일으켰다. 백성들은 외세에 저항하는 삼별초에 적극 호응하였다. 백성들의 외세와 지배층에 대한 대항이 삼별초에 호응하는 형태로 나타난 것이다. 삼별초가 오랫동안 버틸 수 있었던 것은 백성들의 호응의 결과였다. 삼별초의 항전을 지탱한 저력은 강인한 민족정신보다는 백성들의 지배층에 대한 반발과 몽골에 반대하는 저항이 폭발적인 데에서 찾아야 한다.

남송 정복 이후 몽골의 정복 활동은 아시아 전역으로 확산되었다. 몽골군은 1257년 베트남에 처음 출병한 후 1279년에 남송을 멸망시키고 남송군을 이용하여 동남아 지역을 침략하였다. 1283년에 캄보디아 참파 왕조를 복속시켰고, 1284년에 베트남에 2차로 출병하였으며, 1287년 미얀마 파칸 왕조를 멸망시키고 베트남에 3차로 침입하였다. 이러한 원정은 1292년에 인도네시아 자바 침입 등으로 이어졌다.

몽골의 일본 공격 또한 그 과정 중인 1274년과 1281년에 이루어졌다. 몽골의 동아시아 전략에서 고려 정복은 이후 일본 정복을 하기 위한 전 단계에 해당하였다. 이러한 추이를 보면, 금 정복 이후 거의 40년을 끌었던 고려의 끈질긴 저항은 몽골의 세계 정복 전략에 차질을 주었다. 특히 일본 원정에 차질을 줌으로써, 동아시아의 정세, 특히 일본사의 진전에 큰 변수로 작용하였다. 고려 원종이 원나라 세조에게 왕실 혼인을 요청하였을 때, 주저하던 세조의 마음을 움직인 것 또한 삼별초의 난으로 인한 일본 원정의 차질 때문이었다. 이처럼 삼별초의 항쟁은 당시 동아시아의 역사 진전에 큰 영향을 준 사건이었다.

제2장

고려와 원의
사대 관계와 고려의 대응

1

고려와 원의
사대 관계와 왕실 혼인

   몽골(원)과 고려의 강화 협정은 조공·책봉 관계의 성립으로 이어지고, 조공·책봉 관계는 전통적인 사대 관계의 연장선상에서 파악할 수 있다. 몽골(원)은 고려 국왕을 책봉하였고 고려는 원의 연호를 사용하였으며 시간을 기록하는 기준이 되는 역曆을 하사받았다. 원에 가서 황제를 알현하는 조근朝覲과 공물을 바치는 조공朝貢도 행했다. 이때의 조공·책봉 관계는 종래 형식적이고 의례적이었던 천자국과 제후국의 관계를 보다 긴밀하게 하고 실질화하는 것이었다.

   우선 고려는 몽골(원)로부터 책봉을 받았다. 1259년에 원종은 몽골(원)로부터 책봉을 받았고, 이는 공민왕 대까지 이어진다. 원 이전에도 중국으로부터 책봉을 받았지만, 책봉을 받은 칭호인 책봉호冊封號에 원나라 제도의 등급인 관계官階와 행성

승상行省丞相, 부마가 추가되었다는 점에서 달라졌다. 원종 원년(1260) 3월에 강회선무사 조양필이 황제의 아우(쿠빌라이)에게 올린 글에 태자 왕전王倎, 원종을 번국藩國의 예로 접대하고 왕으로 세워 신직臣職을 닦도록 해야 한다고 하였고 황제는 이를 받아들였다. 여기에서 조양필은 '왕전을 왕으로 세운다[立倎爲王]'라고 했지만, 고려에 전달된 몽골의 조서에서는 '왕으로 책봉한다[冊爲王]'라고 표현되어 그것이 책봉이었음을 분명히 알 수 있다.

또한 몽골(원)의 고려 국왕 책봉은 사후 승인에 의한 형식적인 것이 아니라 원나라 천자가 고려 국왕을 임명하는 실질적인 방식으로 이루어졌다. 이른바 중조重祚 곧 살아있는 국왕의 폐위와 임명이 몽골에 의해 결정되었던 것이다. 충렬왕 24년(1298)에 왕은 원에 의하여 왕위에서 물러나고 아들인 충선왕이 즉위했고, 충선왕은 8개월 만에 퇴위하여 다시 충렬왕이 즉위하였다. 충렬왕이 죽고 충선왕이 즉위한 후, 충선왕은 충숙왕에게, 충숙왕은 충혜왕에게 왕의 자리를 물려주어야 했다. 전통적으로 조공·책봉 관계에서 책봉은 형식적이고 의례적인 면이 강하여, 제후국인 신라·고려·조선이 내부적인 국왕의 교체를 사후에 알려주고 이를 중국 국가가 추인하는 것이 보통이었는데, 원 간섭기에 원은 고려 국왕의 즉위와 폐립의 권한을 행사하였던 것이다. 물론 이러한 원의 책봉권 행사도 고려의 전통적인 왕위 계승의 원칙을 부정하지는 못했다. 왕위 계승의 자격이 없는 사람이 책봉을 받은 적이 없었고 모두 부자 사이에 이루어졌기 때문이다. 원나라의 책봉권 행사는 기존의 조공·책봉 관계의 연장선에서 해석할 수 있다.

사대 관계의 내용 중에서 조근朝覲은 제후가 천자를 알현하는 것인데, 국왕이 직접 조근하지 못하는 경우에는 배신들이 가서 제후국으로서의 직공을 충실하게 수행했다. 몽골은 고려를 번국藩國으로, 고려의 왕과 태자를 번국의 예로 대우하였다. 몽골(원)은 고려에 대하여 천자·제후의 예라고 처음부터 생각하고 있었다. 고려는 원종 2번, 충렬왕 11번(태자 시절 5번)의 친조를 수행하였다. 충렬왕은 일찍이 대신들에게 "조근은 황제에게 하는 예절이고 출가한 딸이 부모를 섬기는 예이다"라고 하여 사신을 보내어 공주와 함께 입조하려고 하였다.

원과의 사대 관계를 통하여 고려 국가를 보존하고 왕권을 강화하려는 입장에서 조근은 불가피한 것이었다. 원종 13년 2월에 "우리 부자(원종과 충렬왕)가 연이어 조근하여 원 조정에서 황제를 만나고 특별한 은혜를 받아서, 우리나라 백성이 목숨을 보전하게 되었고 감사하는 마음을 이루 다 말할 수 없습니다. 제가 매년 입조할 때마다 항상 황은皇恩을 입었으니 충심으로 보답하려는 마음이 더욱 간절합니다"라고 하거나 "조근의 예를 닦아 일찍이 조금도 게을리한 일이 없었고, 그런 까닭에 공주가 시집와 대대로 부마가 되었습니다. 그리하여 고려 고유의 풍속을 바꾸지 않고 종묘사직을 보전하였으니, 이것은 세조 황제의 조서에 힘입은 것입니다"라고 한 것은 그러한 것을 보여준다.

조공朝貢은 제후국이 천자국에 바치는 공물이다. 고려 사신이 자체적으로 공물의 물품과 수량을 정하여 사신이 가는 길에 가져가는 것이 보통이었다. 고려와 몽골은 고종 6년(1219) 형제맹약을 맺은 후에 몽골은 막대한 양의 물자를 제공할 것을 요구하였는데 품목과 수량은 몽골 측에서 지정하였고, 이는 1224년까지 지속되었다. 고종 12년(1225) 제구유著古與 피살 사건으로 세공歲貢 납부는 중단되었다. 원종 즉위년(1259)에 고려와 몽골이 강화를 맺은 이후 고려는 몽골에게 매년 정해진 액수를 납부했다. 충렬왕 7년(1281) 충렬왕이 '부마고려국왕'이 된 후에는 몽골에서 세공을 면제해 주었다. 이후 고려는 몽골에 사신을 파견하여 인사치레를 위한 선물[方物] 정도의 의례적인 선물만을 보냈다.

고려가 몽골(원)과 조공·책봉 관계를 맺은 것은 중국과의 전통적인 조공·책봉 관계의 일환이다. 고려는 건국 초기부터 유교를 정치 이념으로 표방하였고 명분론에 입각하여 천자·제후의 관계에 기초한 사대 외교를 전개하였다. 고려는 다원적 세계관을 견지하여 안으로는 천자, 황제의 위상을 가지면서도 대외적으로는 제후국으로 자처하였다. 이는 중국을 포함한 북방 민족의 군사적 우위를 인정하면서 문화적, 경제적 실리를 고려한 실용적인 외교 논리에서 나온 것이었다. 이에 따라 고려는 의례적이고 형식적인 측면이 강한 책봉과 조공, 중국 연호 사용 등을 인정하였다.

고려와 원의 사대 관계는 두 나라의 왕실 혼인으로 이어진다. 고려 왕자와 원 공주의 처음 혼인은 원종 15년(1274)에 이루어졌다. 당시 강화講和에 반대하던 무신 권력자 임연은 원종과 대립하다가 원종 10년(1269)에 원종을 폐위시키고 안경공 왕창을 세운 뒤 교정별감이 되어 무신 정권을 재건하려 하였다. 몽골에 가 있던 태자(후에 충렬왕)는 귀국 도중 그 소식을 듣고는 몽골로 되돌아가 군사 개입을 요청하였다. 원 세조는 태자 심을 특진상주국特進上柱國으로 임명하여 병력 3천 명을 주어 귀국시키고 그 다음 달에는 병부시랑 흑적黑的 등을 파견하여 원종을 복위시켰다. 복위한 원종은 원에 친조하고, 임연 숙청 및 개경으로의 환도를 하기 위해 필요한 병력을 지원해 줄 것을 요청하여 그 군대를 대동하고 귀국하였다. 이에 호응하여 홍문계와 송송례 등이 정변을 일으켜 마침내 무신 정권을 끝냈다.

원나라의 도움으로 복위된 원종은 원 세조의 명으로 임연의 원종 폐위 사건을 설명하기 위하여 원나라에 갔다. 환국한 다음 해인 1271년 2월에 몽골에 사신을 보내 정식으로 고려 왕자와 원 공주 사이의 혼인을 청했으며, 11월에 쿠빌라이가 혼인을 허락함을 알려왔다. 고려가 원과의 왕실 혼인을 추진한 이유는 왕실의 안정과 국가의 위상 강화를 추구한 결과라 할 수 있다. 고려는 임연의 원종 폐위 사건에서 보듯, 무신 권력자가 오랫동안 권력을 잡고 정치를 좌우하며 국왕을 폐위하고 옹립하였다. 무신 권력자 최충헌은 4명의 국왕을 폐위하고(명종·신종·희종·강종) 4명의 국왕을 옹립(신종·희종·강종·고종)하였는데, 이는 고려 국왕의 위상 추락, 권위의 손상을 의미하는 것이었다. 고려 입장에서는 왕실의 권위 회복이 절실하였고 원나라에 의지하여 이를 달성하고자 하였던 것이다.

주저하던 원 세조 쿠빌라이의 마음을 바꾸어 놓은 것은 삼별초의 항쟁이었다. 삼별초의 항쟁은 세조에게 고려의 전략적 중요성을 일깨워 주었다. 한반도 서남해안에 반몽 세력이 항거할 경우 일본 정벌은 물론 남송 정벌에도 심각한 차질을 가져다 줄 것으로 판단한 결과였다. 뿐만 아니라 원 세조는 고려 조정의 태도에 대해서도 의구심을 가지고 있었다. 물론 고려 조정은 남송·일본과의 은밀한 통교 의혹을 적극적으로 부정했을 뿐만 아니라, 개경으로 환도하겠다는 약속을 지켰고 삼별초를 진압할 때 적극성을 보여 진도 탈환에까지 성공했다. 그러나 삼별초의 잔여 세력은 탐라를 근거로 강력하게 저항하고 있었다. 원 세조 쿠빌라이는 원종의 혼인 제의를 수락함으로써 고려 왕실과 돈독한 관계를 맺으려고 했다. 그리고 그를 기초로 삼별초를 소탕하고 한반도 서남해안을 장악한 뒤, 남송과 일본 정벌을 포함한

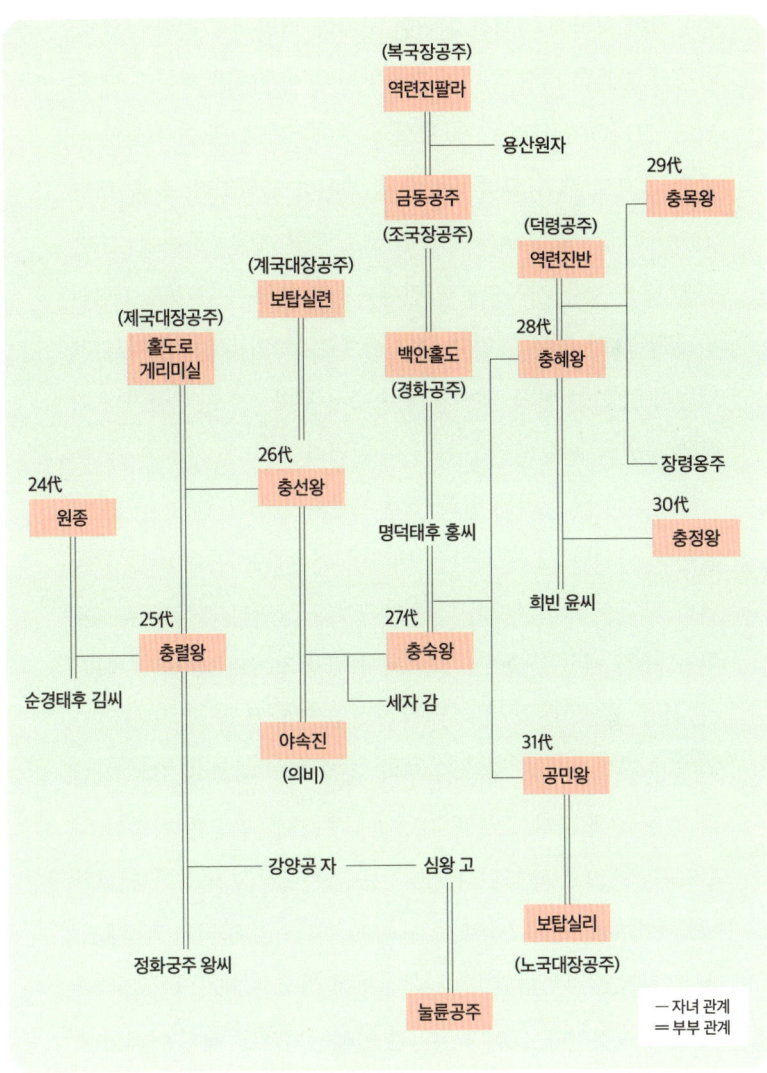

자료5 | 고려 왕과 원 공주와의 혼인도

동아시아 경략에 나서고자 했던 것이다. 따라서 고려와 몽골 두 나라의 통혼은 양국의 이해관계가 맞아 이루어진 것이라 할 수 있다. 그리하여 고려는 원 황실의 부마국으로, 공주 소생의 아들을 세자로 세워 고려 국왕으로 즉위하게 하였다. 원종 15년(1274)에 태자 왕심王諶 충렬왕과 원 세조의 딸 제국공주齊國公主가 혼인을 맺은 것을 시작으로 공민왕까지 7대 80여 년 동안 6명의 원 공주 출신 왕비, 그리고 그 소생으로 4명의 국왕이 탄생하게 되었다. 고려는 원의 세계 질서 속에서 부마국으로서 국가의 위상과 왕권의 존재 의의를 높일 수 있었다.

부마국이 된 고려는 원의 세계 지배와 연결된 왕실 혼인망의 일원이 되었다. 고려 국왕은 대칸이 개최하는 지순只孫연에 사위의 자격으로 참석하여 다른 제왕보다 상위의 좌석에 배치되었고, 대칸 계승 분쟁에도 간여하여 제국 정치의 핵심에 나아갔다. 이에 대해 일본인 학자는 몽골의 독특한 분봉 제도分封制度 즉 '대몽골울루스'에서 제왕諸王·부마·공주·후비에게 토지와 인민을 주는 예에 따라 고려를 '대몽골울루스'에 속한 한 왕부王府의 투하령投下領으로 파악한다. 당시 몽골 사람들은 자신이 건설한 제국을 '대몽골울루스Yeke Mongghol Ulus'라 하고, 영역과 백성들도 '울루스'라고 불렀다고 한다. 차가타이 칸국은 차가타이 울루스가 맞다는 것이다. 그러나 이러한 이해는 몽골 중심의 이해이며, 고려는 몽골 제국의 큰 흐름 속에서도 독특한 양상을 보이고 있기 때문에 더 많은 연구가 필요하다는 지적이다.

고려와 원의 왕실 혼인은 고려 말과 조선 시대에 긍정적으로 평가되었다. 정도전은 원 세조와 왕실 혼인을 성사시킨 원종(1219~1274, 재위 1259~1274)을 긍정적으로 보았다. 즉 세자 시절 원 세조 쿠빌라이를 만났는데, 세조가 가상히 여겨 공주를 세자에게 시집보내어, 이로부터 대대로 장인과 사위의 좋은 인연을 맺어 동방의 백성들도 백 년 태평의 낙을 누리게 하였으니, 역시 칭찬할 일이었다고 하였다. 또한 처음으로 원 공주와 혼인한 고려의 왕자, 훗날 충렬왕에 대하여, "천자가 가상하게 여기고 공주를 하가下嫁시켰다. 공주가 이르자, 부로父老들이 즐거워하여 서로 기뻐하기를, '백 년 동안의 전쟁 끝에 태평한 시기를 다시 보니, 생각하지 못하였던 일이다' 하였다"라고 하였다. 무신 정권을 종식시키고, 몽골과의 오랜 전쟁을 끝내며 원과의 평화로운 외교 관계를 수립한 원종을 높이 평가하면서 원과의 왕실 혼인도 긍정하였던 것이다.

반면에 조선 시대의 정통 성리학자이자 위정척사파의 일원인 김평묵金平默, 1819~1891은 유교의 의리 명분론에 입각해서 원과의 긴밀한 관계 특히 왕실 혼인을 비판적으로 보았다. 그는 "몽골이 중국 전체를 차지하자 몽골을 천지와 부모처럼 보았다. 몽골에서 왕비를 맞이해 들이고 몽골에 딸을 시집보내고 몽골에서 과거에 급제하고 몽골에서 관리가 되어 의기양양하게 영광으로 알고 신나게 나라 사람들에게 뽐내었고 사람 사는 세상에 수치스러운 일이 있음을 알지 못하였다"고 하였다.

고려는 정체성을 잃지 않으면서 중국 문화를 받아들이는 몽골의 방식을 수용하여, 몽골(원) 제국이 주도하고 제시하는 문명 전환 정책에 참여하였다. 고려는 사대 관계를 맺은 원과 정치적·사회적·경제적으로 긴밀한 관계를 유지하고 원의 문화를 수용하면서 전통적인 고려 문화의 변용과 재창조 작업을 추진하였다. 처음 몽골족이 고려를 침입하였을 때 고려에서는 몽골을 가장 흉악하고 잔인하며 몽매함이 짐승보다 심한 이들로, 지나가는 곳마다 불상과 범서梵書를 불태웠고 특히 부인사符仁寺에 소장된 대장경 판본을 불태워 버려 나라의 큰 보배를 없앤 문화의 파괴자로 이해하였다. 하지만, 최해는 "지금 원나라가 위에 있어 지극한 인과 풍성한 덕을 베풀어 천하를 기르고 있다. 고려는 첫 번째로 스스로 와서 복종하였기 때문에 대대로 원나라 황실과 혼인하고 엄격하게 법도를 잘 지켜 상하가 서로 즐거워하며 변경에 조그만 긴장도 없이 풍년이 들고 있으니, 실로 천년 만에 오는 태평성대"라고 평가하였다. 이색도 "원나라가 일어난 지 백 년이 지나면서 문치가 행해져 사방의 학사들은 자신의 재능을 발휘하여 한 시대의 성황을 이루고 있다"고 하였다. 고려는 대몽 항쟁과 개경 환도, 원과의 새로운 관계, 무엇보다도 원의 한화漢化 정책을 목도하며 몽골(원)을 중국 정통 왕조의 하나인 천자국, 문명의 중심국으로 파악하는 인식의 대전환을 하고 이러한 원의 선진 문화를 수용하여 문명국가로 도약하고자 하였다.

2

원의 정치적 간섭과 충혜왕의 압송 그리고 고려의 대응

 고려는 원으로부터 정치적 간섭을 받았다. 원종 즉위년(1259)에 오랜 외교 교섭 끝에 몽골과 강화 협정을 맺고 원과 조공·책봉 관계를 맺게 된다. 몽골은 원종을 책봉하였고 연호를 사용하도록 하였으며 역曆을 하사했다. 또한 고려는 원의 간섭하에서 종래와 다르게 관제를 개편하였다. 즉 왕의 칭호나 관제의 성격을 하향 조정하여 제후국 수준으로 격하하였다. 고려는 명분상 제후국이었지만 황제국 수준의 형식과 명칭을 써왔는데 이제 고려 국왕의 어머니는 황제국 칭호인 태후太后에서 제후국 칭호인 태비太妃로, 국왕의 아들은 황제국 칭호인 태자太子에서 세자世子로, 왕의 천자국 명칭인 짐朕을 여予·과인寡人으로, 왕의 명령으로 황제가 쓰는 조서詔書를 교서敎書로, 죽은 왕의 이름에 붙이는 묘호廟號에 조祖와 종宗 대신 왕王으로 붙였다. 고려의 왕이 쓰는 표현을 제후국 수준에 맞는 형식과 내용으로 변경한 것이다. 관직도 개편하여 충렬왕 대에 중서문하성과 상서성을 합쳐 첨의부로, 이부와 예부를 전리사典理司로 합치는 등 3성 6부를 개칭하여 첨의부僉議部 사사체제四司體制로 전환하였다.

더욱이 원나라는 종래 사대 외교에서 볼 수 없었던 중조重祚를 행하였다. 중조는 거듭 국왕이 된다는 의미인데, 살아 있는 고려왕을 교체함으로써 나타나는 특이한 현상이다. 원은 충렬왕이 아들 충선왕에게 선위하게 하였고, 8개월 후 다시 충렬왕이 즉위하게 했다. 충렬왕이 죽고 충선왕이 즉위하였다. 충선왕이 죽은 뒤에는 충숙왕이 즉위하였는데, 그와 동시에 원에 의하여 충숙왕의 아들 충혜왕이 즉위하였다가, 이후 다시 충숙왕이 즉위하고, 그 후에 다시 충혜왕이 즉위하는 등의 정치적 혼란이 이어지기도 했다. 천자국인 원나라가 제후국인 고려의 왕위 계승에 관여하였기 때문이다.

나아가 정동행성과 같은 원의 부속 기관이 설치되어 고려의 내정을 간섭하였다. 최근 연구에서는 원의 단사관斷事官에 주목하여, 원이 고려에 사법권을 행사한 사실을 밝혀내기도 하였다. 단사관은 원나라의 형정刑政을 담당하는 관원이었는데, 고려에 15번이나 파견되어 범법자의 조사와 처벌, 일본과 탐라 공격을 위한 배와 군량 확보, 왕의 압송 및 교체와 관련된 사항을 다루었다. 충숙왕 후8년(1339) 11월에 원의 단사관 토울린頭麟은 충혜왕이 충숙왕의 비 경화공주를 간음하였다는 말을 듣고 왕과 홍빈 등을 압송하여 원으로 갔다. 조적 등이 충혜왕의 복위를 막기 위하여 원에 왕의 비행을 고발한 결과였다.

원나라가 강하게 고려 내정을 간섭하던 시기에 입성立省 곧 고려의 국호를 없애고 중국의 하나의 지방으로 편입시키자는 주장이 제기되기도 하였다. 충렬왕 28년(1302)부터 충혜왕 후4년(1343)까지 7차례 관련 논의가 이루어졌다. 입성을 주장한 인물들은 원 제국에서 고려 왕의 지위 상승을 저지하려는 부원 세력과 고려 왕의 반대 세력들이었다. 이들은 전왕 또는 자신들이 지지하는 인물을 추대하려는 과정에서, 고려 국가를 없애고 원 지방에 설치한 행성行省을 고려에 설치하여 원의 일부로서 고려를 통제하려 하였다.

충렬왕 28년(1302)에 홍중희는 고려에 설치된 정동행성을 요양행성遼陽行省과 합하여 하나의 성을 만들고자 하였다. 이는 정동행성을 요양행성으로 병합하겠다는 것으로 정동행성과 그 책임자인 고려 왕의 지위를 격하시키려는 것이었다.

원래 만주의 요양遼陽과 심양瀋陽 지역에는 몽골에 투항한 고려 국민이 다수 거주했다. 처음 몽골이 고려를 침략할 때 홍복원 일가는 서경·안주·귀주 등지의 40여 성을 거느리고 몽골에 투항하였고, 홍복원(1206~1258)은 살리타撒禮塔의 고려 침입을 도와주었다. 1234년 홍복원이 몽골 황제에게 항복한 백성들을 동경(요양)으로 옮겨 살게 해 줄 것을 요청하자 몽골 황제는 이를 허락하여, 동경로東京路 즉 요양과 심양 지역에 거주하게 하였다. 그리고 홍복원에게 금부金符를 내려 주고 관영귀부고려군민장관管領歸附高麗軍民長官에 임명하여 다스리게 하였다. 몽골은 고종 25년(1238) 조현습과 이원우 등이 2,000여 명을 이끌고 항복하자 동경에 거주하게 하고 은부銀符를 주어 홍복원의 지휘를 받게 하였다.

몽골은 요양과 심양 지역에 고려인이 증가하고 홍복원 세력이 커지자 이 지역 통치를 홍복원에게 단독으로 맡기지 않고 복수로 다스리게 하고자 하였다. 홍복원은 고려에 반기를 들고 몽골에 투항하였으므로, 언제 또 몽골을 배반할지 모른다고 우려하였던 것이다. 고종 28년(1241) 고려의 왕족 영녕공 왕준(1223~1283)이 인질[禿魯花]로 몽골에 들어가고 심양의 홍복원의 집에서 거주하였다. 그런데 두 사람 사이에 다툼이 생겼다. 고종 45년(1258)에 홍복원이 인형을 만들어 왕준을 저주한 사건이 발생하였는데, 몽골 황족인 왕준의 처가 이를 황제에게 알렸다. 이후 황제의 칙사가 장사를 시켜 홍복원을 발로 차 죽인 후 그 재산을 몰수하고, 그 아들 홍다구와 홍산원을 체포하였다. 홍다구는 아버지의 원수를 갚기 위해 원 세조에게 거짓으로 왕준을 모함하였고, 왕준은 황제에게 노여움을 사서 병사와 말을 빼앗겼다. 양자의 갈등이 심해지자, 원 세조는 양측의 입장을 조정하기 위하여 요동 지역의 고려 유민을 분리 통치하였는데, 요양은 홍다구, 심양은 왕준이 다스리도록 하였다.

홍대순(홍복원의 아버지) 이후의 홍씨 집안은 아버지의 직을 계승하여 고려 군민을 다스렸지만, 고려 왕이 요양행성 관내에 일정한 영향력을 행사하였다. 요양행성은 고려의 수도인 개경과 원의 수도인 대도의 중간에 위치하여 고려 왕이나 사신이 원으로 갈 때 반드시 거쳐야 하는 교통로였다. 충렬왕은 원 세조의 명으로 요양에서 심양을 거쳐 압록강에 이르는 지역의 400호를 관장하였다. 1296년 충렬왕이 이 지역을 지나갈 때, 심양의 총관과 지사 등이 왕을 맞이하지 않았다는 이유로 왕이 이들의 목에 칼을 씌웠다. 홍중희는 고려 왕의 영향력 행사에 불만을 품고, 급기야는 충렬왕 28년(1302) 입성론을 제기하였다. 정동행성을 요양행성과 합하여 하나의 성을 만들고 그 관사를 요양행성 관할인 동경에 두자는 것이었다. 하지만 충렬왕이 일본에 대응하기 위하여 설치한 정동행성의 치소治所를 만주의 요양에 두면 관할하기 어렵다는 내용의 반대 상소를 중서성에 올렸고, 원에서 이를 수용하였다.

충렬왕 33년(1307) 충선왕은 원의 황제 계승 싸움에서 무종을 지지하며 공을 세우고 심양왕에 봉해졌다. 다음 해 충렬왕이 죽자 고려 왕으로 다시 즉위하였다. 충선왕은 만주를 다스리는 심양왕과 고려 왕을 겸하게 되었다. 이는 원나라가 고려인이 많은 심양 일대의 관할권을 고려 왕에게 맡겨 효율적으로 관리하고, 왕준을 통하여 홍복원을 견제하듯이, 고려 왕으로 홍복원 일가를 견제하려는 뜻도 있다고 한다. 충선왕은 심양왕을 겸함으로서 요양에서 심양을 거쳐 압록강에 이르는 지역을 관장하게 되었다.

원나라에서 두 지역의 왕을 겸하는, 말하자면 충선왕 한 사람이 두 왕을 겸하는 흔치 않은 일이 벌어졌다. 이에 충선왕은 충선왕 5년(1313) 3월에 고려 왕위를 둘째 아들인 강릉대군 왕도王燾, 충숙왕에게 양위하였는데, 이는 원에서 계속 머무르려는 충선왕의 생각이 반영된 것이라고 한다. 충선왕은 심양왕마저 충숙왕 3년(1316) 3월에 조카인 왕고에게 물려주고, 자신은 태위왕太尉王이라고 칭하였다. 이에 대하여 이곡은 충선왕이 '중년의 나이에 왕의 자리를 헌신짝 버리듯이 내팽개쳤다'고 하여 충선왕이 국왕으로서 왕위를 유지하여 고려 국가의 안위와 유교의 수용을 통한 개혁에 나설 것을 기대하였다.

한편 3차 입성론은 유청신과 오잠이 충숙왕 10년(1323) 1월에 고려를 완전히 원 제국의 내지로 만들어 제국에 편입시키자고 한 것이다. 고려는 독립 왕조로서 지위를 고수했지만 원 제국에서는 고려 국왕이 장기간 원나라에 체류하였고, 심각한 왕위 다툼이 발생하였다. 그리고 양국에 걸친 정치·사회적 갈등과 모함, 이에 따른 빈번한 사신 왕래 등 여러 문제가 발생했다.

이에 원 조정에서는 고려를 제국의 내지로 만들자는 생각을 했을 것이다. 특히 부마국 체제에서 성장하고 세력을 키운 부원배들은 이를 조장하면서 환영했다.

하지만 이때 원나라의 관리였던 왕관王觀은 반대하였다. 그는 원과 고려의 실상을 정확히 파악하는 6항의 이유를 들어 반대하는 글을 올렸다. 첫째, 고려를 원 제국의 내지로 편입하는 것은 세조 쿠빌라이의 유훈이나 계책과 맞지 않는다는 것이다. 고려는 세조가 공주를 결혼시켰고 예악형정禮樂刑政은 본국의 습속을 따르게 하였으며 제국의 울타리로서 현저한 공로와 효과가 있다는 것이다. 둘째, 고려는 원의 수도 북경과의 거리가 천리나 떨어져 있고 풍토가 다르며 습속 또한 이질적이니, 형벌·작상爵賞·혼인·옥송獄訟이 중국과 같지 않아, 중국의 법으로 다스리기 어렵다는 것이다. 셋째, 백성들이 동요한다는 것이다. 고려는 산이 많고 바다가 막혀 있고, 백성들은 가난하며, 볼만한 경제적 가치가 없는데 제국의 내지로 편입한다면 이익은 적고 오히려 손실만 키우고 고려 백성들이 반란을 일으킬지 모른다는 것이다. 넷째, 수입보다 재정 부담이 크다는 것이다. 관리의 봉록, 공용 경비, 대궐이나 저수지 축조와 같은 국가의 토목 사업, 백성 구제 등의 비용은 고려에서 들어오는 재정 수입만으로는 감당할 수 없어 제국의 재정 지출은 늘어날 것이라고 보았다. 다섯째, 군대가 주둔해야 하는데, 재정이 어려워지고 백성의 고통이 심해지며, 병사의 차출도 어려운 문제라는 것이다. 여섯째, 입성을 제안한 유청신과 오잠은 고려의 재상으로 참소와 이간질로 군주를 인도하고 결국 자기 나라를 없애려는 배반자인데 고려와 원은 장인과 사위의 좋은 관계를 유지하는데 바르지 못한 사람의 말을 듣는 것은 옳지 않다는 것이다.

입성론에 대해 이제현은 원 도당에서 반대하는 상소를 올렸다. 첫째, 고려 왕조의 오랜 역사를 강조하였다. 4백 년이 넘은 왕업을 이어오고 원 제국에 신하로 복종하여 공물을 바친 지 100여 년이 되었다는 것이다. 둘째, 여몽 전쟁 이전부터 오랜 기간 고려가 몽골 제국에 협조했음을 강조했다. 1219년 거란군을 물리치고 형제 맹약을 맺으며, 2차례의 일본 원정에 참여하여 적을 함께 토벌했다는 것이다. 셋째, 쿠빌라이의 조서(세조구제) 내용을 들어 반대하였다. 고려를 제국의 내지로 만들면, 고려의 옛 풍속을 고치지 않고 종묘사직을 보존하겠다는 세조 쿠빌라이의 조서에 어긋난다고 하였다. 그런데 세조 쿠빌라이의 조서에는 고려의 종묘사직을 보전하겠다는 명시적인 표현은 없었다.

원래 몽골은 정복 전쟁을 수행하는 과정에서 주변 지역을 복속시키고, 복속된 정권에 6사事라는 의무 조항을 제시하였다. 6사는 몽골이 복속국에 요구한 6가지 일로, 인질을 보낼 것, 군대를 보낼 것, 군량을 운반할 것, 역참을 설치할 것, 백성들의 호적을 작성할 것, 다루가치達魯花赤를 설치할 것 등을 말한다.

고려 원종은 몽골의 복속 국가가 지켜야 할 6사에 대하여, 고려의 복식을 포함한 전통문화, 토풍을 존중해 줄 것을 요구하였다. 쿠빌라이의 황제 즉위를 축하하는 사절로 몽골에 갔다온 영안공 왕희가 가져온 조서에 "의관은 본국의 풍속을 따르고 모두 바꾸지 않는다"라는 조항이 쿠빌라이가 약속한 6가지 중 첫머리에 자리하였다. 고려는 협상의 여러 의제 중 이 조항을 가장 중시하여 우선적으로 제기했고 받아들여졌다. 그리고 "고려는 백성을 유복하게 하고 나라에 이익이 되는 일은 편리에 따라 적절히 시행하라"고 하였다. 이는 고려의 풍속을 유지하라는 의미로 받아들여졌다. 이를 근거로 고려에서는 위기가 닥칠 때마다 세조 쿠빌라이가 제시한 불개토풍不改土風의 원칙을 내세웠는데, 이제현은 이를 종묘사직의 보전으로 확대 해석한 것이다. 그리하여 불개토풍으로 집약된 세조구제世祖舊制는 고려 국가의 독립성과 고려의 풍속 유지, 곧 고려 문화를 존중한다는 의미로 사용하게 되었다.

이제현은 이 밖에도 입성 반대의 이유로 고려의 좁은 땅과 빈약한 생산, 언어와 풍속의 다름, 백성의 동요를 들었다. 원나라는 정치·경제·군사상의 현실적인 측면에서 원나라의 이익에 부합되지 않는다는 것이다. 이제현의 주장은 유구한 역사를 가지고 제국에 복종한 고려를 없애는 것은 도리에 맞지 않으며, 사대 관계가 제국의 변함없는 정책이라는 점을 강조한 것이다.

자료6 | 충선왕의 원나라 유배와 유람

말하자면 입성론에 대하여 중국 관리나 고려의 관리는 원과 고려의 사대 관계와 부마국을 바탕으로 고려 문화의 고유성을 존중하고 국가의 독자성을 유지하도록 하였다.

충선왕은 1321년(충숙왕 8)에 원 제국 내의 권력 변동으로 영종英宗(재위 1321~1323)이 즉위하고 황태후 세력을 제거하는 과정에서 티베트吐蕃 사스캬撒思結로 귀양가게 되었다. 이제현은 최성지와 함께 원 낭중郎中과 바이주拜住에게 충선왕을 구원하는 글을 올렸다. 여기에서 이제현은 고려가 원 제국에 충성하고 무엇보다도 충선왕이 세조 쿠빌라이의 외손이라는 점을 강조하였다. 얼마 후 충선왕은 도스마朶思麻로 옮겼는데, 이는 이제현의 글에 따른 바이주의 건의에 의한 것이라고 한다. 이제현은 원나라에서 충선왕을 호종하며 쓴 명이행明夷行에서 국왕의 유배와 고려 국가의 위기를 절감하고 국가 개혁을 통하여 밝은 미래를 전망하였다. 『주역周易』의 '명이괘明夷卦'에서 유래한 명이明夷란 위에 땅이 있고 아래에 불이 있는 모양인데 절망적이고 어려운 시대이지만 극복하고 희망을 제시할 수 있는 상황을 말하는 것으로, 황종희의 『명이대방록』이 유명하다. 이제현은 충선왕을 잘 보필하지 못한 자신에 대한 질책과 후회를 바탕으로 장차 국가의 개조를 염원하고 유교 문명사회로의 전환을 꾀하면서 '명이'의 뜻을 담은 글을 썼던 것이다.

충선왕이 토번으로 유배가자 권한공·채홍철 등은 충숙왕에 의해 곤장을 맞고 섬으로 유배를 가야 했다. 이에 충숙왕 9년(1322) 8월 권한공은 영흥군 민지·영양군 이호 등과 함께 심왕을 고려 왕으로 세우기를 주청하고자 백관들을 모아 원 중서성에 바치는 글에 서명하기를 독촉하였다. 하지만 백관의 절반도 서명하지 않았다.

유학자 최해·이인복·이제현·원충 등은 이에 반대하며 "나라를 위험에 빠트리려고 하는 무리들이 종묘와 사직을 뒤엎으려는 모의를 꾸미자, 함께 간 대신들도 모두 마음을 바꾸어서 형세가 어찌 될지 모를 지경에 이르렀다"고 하였다. 더욱이 윤선좌는 "나는 우리 임금님의 잘못을 모른다. 신하로서 자기 임금을 고발하는 것은 개나 돼지도 하지 않는 일이다"고 하였다. 이에 대간臺諫과 문한文翰의 신하들이 서명하지 않을 수 있었다. 당시 유학자들은 윤선좌와 같은 입장에서 심왕 옹립에 반대하였다. 찬성사 민종유는 "신하가 왕을 위하여 허물을 숨기는 것은 바른 도리이다. 내가 어찌 우리 주인을 짖을 수 있단 말인가"라고 하였다. 언양군 김륜은 아우 원윤元尹 김우金瑀와 함께 서명하지 않았는데, 혹자가 김륜에게 "여러 사람의 의견을 어기고 다른 행동을 하면 후회할 것이오" 하였다. 이에 김륜은 "신하가 두 마음을 가지지 않는 것은 직분일 뿐이다. 무슨 후회가 있단 말인가!"라고 하였다.

충선왕은 1313년 3월 충숙왕에게 양위하면서 왕고王暠를 왕세자로 삼았고, 충숙왕 3년(1316) 3월에 왕고에게 심왕 자리를 물려주었다. 이후 수십 년에 걸쳐 충숙왕과 충선왕의 조카인 심왕 왕고王暠 사이에 고려 국왕의 자리를 놓고 치열한 쟁탈전이 벌어졌다. 그 와중에 충숙왕이 참소를 받고 5년 동안(1321.4~1325.5)이나 연경에 억류되는 수난을 겪기도 했다. 이때 안축은 임금이 근심하면 신하는 그것을 치욕으로 여기고 임금이 치욕을 당하면 신하는 그것을 씻기 위해 목숨을 바쳐야 한다고 말하기도 했다. 이조년(1269~1343)은 16명의 선비와 함께 4천 리를 달려 원에 청하는 글을 올렸다. 결국 충숙왕이 귀국하여 왕권을 회복하고, 심왕의 국왕 추대 운동이 실패로 돌아갔으며 충목왕 원년(1345) 7월에 심왕이 세상을 떠나면서 사태는 일단락되었다.

당시 이곡을 비롯하여 민종유·최운·원충·김륜·윤선좌·한종유·왕후·권준 등의 유학자들은 심왕 옹립에 반대하였다. 이는 원의 영향력이 강하게 미치는 시기에 유학의 군신론에 충실하여 고려 국왕의 권위를 존중하고 왕권을 강화하며 국가의 자율성을 확보하려는 것으로 볼 수 있다.

한편 1339년 3월 충숙왕이 죽고 충혜왕이 즉위하였다. 원나라는 충혜왕의 부도덕함을 문제 삼아 충혜왕을 붙잡아 원나라의 형부에 가두었다. 이제현은 "나는 우리 왕의 아들을 알 뿐이다"라고 하며 충혜왕을 수행하여 일이 분별되고 밝혀질 수 있도록 하였으며, 후에 충혜왕 복위의 일등 공신이 되었다. 이때 충혜왕이 원 조정에 들어갈 때 김륜도 함께 갔는데, 원나라 관리의 심문에 대하여 김륜은 짧은 말로 핵심을 지적하며 논리가 간명하고 사실에 부합하여 원 관리들이 낯빛을 바꾸면서 흰 수염 재상이라고 일컬었다고 한다. 이 사건은 당시 원 관료였던 이곡이 '국란國亂'으로 표현할 정도로 위태로운 상황이었는데, 이곡과 같은 유학자들은 고려의 군신 관계를 우선하여 국왕을 위해 동분서주하였다.

충혜왕 후4년(1343) 12월 원나라는 다시 백성을 수탈한다는 이유로 충혜왕을 압송하고 계양현(광동성)으로 유배하였는데, 충혜왕은 유배 도중 악양에서 죽었다. 충혜왕이 압송될 때 조정에서는 충혜왕을 구원하는 방안을 논의하였다. 권한공과 이능간은 왕이 무도하여 황제에게 죄를 얻은 것인데 어찌 구원할 수 있는가 하였다. 권한공은 중국 은나라의 왕인 태갑이 부덕하여 재상인 이윤(伊尹)에 의하여 3년 동안 쫓겨났다가 태갑이 마음을 바로잡고 행실을 고쳐서 임금 자리로 되돌아왔다는 고사를 인용하여, 원 황제가 고려 왕을 처벌하였으므로 구할 수 없다고 하였다. 이에 김륜은 "신하는 임금에게, 아들은 아버지에게, 아내는 남편에게 마땅히 은혜와 의리를 다할 뿐이다. 아버지가 죄를 입었는데 아들이 구하지 않을 수 있는가? 황제의 마음을 헤아릴 수 없다고 한 것은 무슨 말인가?"라고 하였다. 여러 재상들이 침묵하자, 김륜이 "지금 중서성에 글을 올려 허락받지 못한다고 하더라도, 우리 임금을 구하다가 죄를 받는 일은 결코 없을 것"이라고 하자, 모든 사람들이 옳다고 여겨 글을 올리기로 하였다. 김영돈은 "왕이 욕을 당하였을 때 그 신하가 죽음으로 그를 구원하는 것이 마땅하다"고 하였다. 그에 따라 김해군(金海君) 이제현에게 초안을 쓰도록 하였으나 나라의 원로(國老)들이 서명하지 않은 이가 많아 결국 이루어지지 않았다.

이제현과 김륜의 입장은 군신 관계를 중시함으로써 고려의 독자적인 왕조 체제를 유지하려는 것이었다. 이는 권한공이 이제현과 함께 충선왕을 호종하였음에도 심왕 왕고를 옹립하며 원나라를 내세우는 것과 대비된다고 하겠다. 권한공·이능간 등이 원을 중심으로 하는 세계 질서 속에서 원의 황제에 대한 배신陪臣의 입장을 강조하였다면, 이제현 등은 고려 국왕인 충혜왕에 대한 신하로서의 충성을 보여주는 것이었다. 원나라의 천자보다 고려의 군주를 우선하였다고 할 수 있다.

3

원의 환관 고용보와 경천사지 10층 석탑

고려와 원의 긴밀한 관계에서 원에 진출한 고려인이 많았는데, 그 가운데에는 환관 출신도 있었다. 고용보高龍普는 고려인 출신 원 환관으로 이름을 떨쳤다. 고용보(?~1362)는 매향(전주) 사람으로 원에 환관으로 들어가 자정원사資政院使가 되었다. 자정원은 1340년에 기황후가 제2의 황후로 책봉된 후 설치하였는데, 기황후의 정치적 활동 기반이기도 하였다. 고용보는 충혜왕 후2년(1341) 삼중대광 완산군에 봉해졌고, 여러 차례 황제의 명을 전달하기 위하여 고려에 왔다. 충혜왕 후3년(1342) 원 황제의 명을 받아 태감太監 박첩목아불화朴帖木兒不花와 함께 기황후의 아버지 기자오에게 병덕승화육경공신秉德承和毓慶功臣 칭호를 추증하고 영안왕榮安王으로 봉하며 장헌莊獻을 시호를 내렸다. 충혜왕 후4년(1343) 11월에 황제가 충혜왕에게 옷과 술을 하사하고, 도치

朶赤·베시게別失哥 등을 파견하여 교사郊祀를 지내고 사면령을 내리는 조서를 가지고 왔다. 그런데 왕이 아프다고 핑계대고 영접하지 않으려 하니, 고용보는 "황제께서 전하가 불경不敬스럽다고 말씀하시는데, 만약 나가서 영접하지 않으시면 황제의 의심이 더욱 심해질 것입니다"라고 하였다. 왕이 백관을 인솔하고 정동성征東省에서 조서를 받으려고 하였는데, 도치 등이 충혜왕을 발로 차고 결박하였다. 이때 왕이 황급하게 고용보를 불렀으나 고용보는 왕을 꾸짖었다. 신예辛裔는 같이 도모하여 군인을 숨겨두고 협력하였다. 당시 사람들은 고용보야 소인小人이라 그렇지만, 신예는 유학자인데 어찌 이 지경에 이르렀는가 하였다. 고용보는 성관省官 기철奇轍 등과 함께 내탕고內帑庫를 봉인하였으며, 조금 뒤에 원으로 갔다. 원으로 간 고용보는 1344년 2월에 충혜왕이 죽자, 충혜왕의 8살 아들인 왕흔(충목왕)을 안고 원 순제를 알현했다. 고용보는 기황후와 관련 속에서 충목왕의 즉위에 관여했을 것이다. 충목왕이 즉위하고, 고용보는 12자字의 공신호를 하사받았다.

충목왕 3년(1347) 6월 고용보는 원 황제의 측근으로 권력을 행사하여 어사대御史臺의 탄핵을 받았다. 즉 "고용보는 고려의 매장(전주) 사람인데 총애와 권세를 믿고 권력을 마음대로 행사하니, 친왕親王들과 승상은 쫓아가서 절을 하고 뇌물을 받아 금과 비단이 산처럼 쌓여 있어 권력은 천하를 기울일 정도니, 그를 죽

자료7 | 경천사지 10층 석탑

여 천하 사람들의 마음을 기쁘게 하여 주십시오"라고 하였다. 이에 원 황제가 고용보를 금강산으로 추방하였다. 당시 원 순제의 명령으로 고려의 폐정을 개혁하기 위해 설치된 정치도감에서는 기황후의 족제族弟 기삼만을 죽이고, 친족인 기주奇柱를 순군옥에 가두었다. 그리고 기황후의 측근인 고용보를 탄핵하였다.

그런데 고려에 유배온 고용보는 충목왕과 내전에서 연회를 개최하는 등 친밀한 활동을 벌였다. 그는 장안사가 중창되자 기황후의 명을 받아 이곡에게 기문을 짓게 하였다. 그 이전에도 고용보는 자신의 고향인 전주 만덕산에 보광사를 중건하고 중향 스님을 통하여 이곡에게 기문을 쓰도록 하였다. 고용보는 1348년 3월 시주자로서 기황후와 황태자를 기원하는 개경의 경천사 석탑을 건립하였고, 1352년 윤3월에는 용장선사 무량수전대향원의 대공덕주로 참여하였다. 그 후 공민왕이 즉위하자 그는 조일신의 난을 피하여 해인사에 거처하다가 공민왕 11년(1362)에 처형되었다. 전법사典法司에서는 고용보가 일찍이 죄 없는 사람을 죽였으므로 그를 벌주려고 하였다. 하지만, 고용보는 신예의 매부로서, 좌랑 최중연崔仲淵이 신예의 문생門生이고 정랑正郎 강군보姜君寶와 신예가 동년 친구였으므로 간단히 조사한 뒤에 석방되었다.

원에서 활동한 고용보의 행적은 현재까지 경천사지 10층 석탑에 전한다. 이 탑은 원래 개성 근처 경천사(지금 경기도 개풍군

풍덕면 부소산)에 있었다. 경천사는 고려의 10찰 가운데 하나로 고려 왕조의 변고가 발생할 때 불공을 드리거나 국왕의 기일 제사를 지내는 등 고려 왕실의 원당顧堂 역할을 하였다. 이 절에 있었던 경천사지 10층 석탑은 1907년 일제의 다나까 미스아키田中光顯에 의해 일본에 반출되었다가 외국인 베델과 헐버트의 노력으로 1918년 돌아왔으며, 1960년 경에 복원되어 경복궁에 있다가 2005년에 국립중앙박물관에 옮겨졌다.

석탑의 탑신부에 있는 조탑명문기造塔銘文記에는 1348년의 조성 연대와 강융·고용보라는 시주자의 이름, 그리고 황제와 그 가족의 장수를 축원하는 조성 목적 등 석탑에 관한 중요한 내용이 있다. 강융의 본명은 강장康旺이고 진주 관노官奴의 손자로 그의 누이는 무당이었다. 그의 딸은 원나라 승상 탈탈脫脫의 첩이 되었고 강융은 만호, 내부령, 찬성사, 첨의좌정승 판삼사사, 진녕부원군이 되었다. 고용보와 강융 두 사람은 원과 긴밀하게 활동하며 부와 권력을 차지한 사람이라고 할 수 있다.

탑 2층에 축원 내용이 있는데, 원나라 황제와 황후, 황태자만을 축원하고 있다. 이 시기에 고려에 있는 원나라 사람이 조성한 탑과 사찰에는 원 황제와 고려 왕이 함께 축원되는 것과는 차이가 있다고 할 수 있다. 이 석탑은 원나라의 장인(기술자)을 데려다 만들었다고 한다. 또한 이 탑은 대리석으로 되어 있는데, 탑신부에 있는 12회의 불회도들은 여러 경전의 내용을 나타낸다.

그 좌우 옆면에는 불상과 호법신들을 배치하여 장엄한 부처의 세계를 효과적으로 표현했다. 이 석탑의 형식과 도상은 1467년 세조 대 왕실의 발원으로 서울에 창건된 원각사지 10층 석탑으로 계승되었다. 원나라 장인에 의하여 고려의 불사가 행해진 사례는 경천사 10층 석탑 이외에 장안사의 불당과 불전, 불상 그리고 신광사 불사 등 다수가 있다.

　환관 출신 부원배 고용보가 시주한 경천사지 10층 석탑은 지금 국립중앙박물관 1층 정중앙에 있는데 원과 고려의 긴밀한 관계에서 원의 고려에 대한 외압과 영향의 단면을 상징적으로 보여준다. 고용보는 원 환관 출신으로 자정원사가 되어 기황후를 뒷받침하였고 부와 권력을 누렸는데, 반역자나 권신에게 아부한 사람들이 포함된 『고려사』 간신 열전에 실려있다.

제3장

단군과 기자의 역사 인식과 공민왕의 반원 개혁

1

단군과 기자의 역사 인식

　원나라의 간섭 시기에 단군에 대한 인식이 새롭게 대두되고, 기자에 대한 인식이 강화되었다. 『삼국유사』와 『제왕운기』는 고조선(왕검 조선)을 상정하고 단군을 우리나라 역사의 시조로 설정하였다. 『삼국유사』는 우리 역사가 고조선·위만 조선에서부터 시작하여 마한·진한·변한의 삼한, 고구려·백제·신라의 삼국, 그리고 고려로 이어지는 것으로 기술하고 있다. 『삼국유사』에서는 고기古記를 인용하여 요 즉위 50년인 경인년庚寅年에 나라를 세우고 조선이라고 칭하면서 그 주석에 요 즉위 원년은 무진년戊辰年이므로 50년은 경인년庚寅年이 아니고 정사년丁巳年이라고 하였다. 『제왕운기』에서는 우리 역사를 단군이 세운 전조선·후조선·위만·사군·삼한·신라·고구려·백제·후고려·후백제·발해·고려의 계열로 설정했다. 그리고 단군이 요 임금과 같은 무진년에 나라를 세웠다고 하였다. 우리의 역사가 단군으로부터 시작하여 삼한·삼국·발해·신라·고려에 이르는 계승임을 천명하였다.

고려 후기에 몽골의 침입과 간섭은 국가 자체와 함께 우리나라 역사에 대한 관심을 불러일으키는 외재적 계기로 작용하였다. 국가 존립의 위기를 맞아 우리 역사의 근원에 대해 근본적으로 성찰하고 이를 통해 국가 의식, 공동체 의식을 확립할 필요가 있었던 것이다. 이는 신라·고구려·백제 삼국 가운데 어느 왕조를 이었는가 하는 역사 계승의 문제, 그리고 자기가 살고 있는 왕조 또는 당대當代의 국왕 중심으로 한 역사 인식에서 더 나아가 우리나라의 시조인 단군에 대한 이해를 갖게 하는 계기가 되었다.

이러한 국가 의식에는 독특한 천하관이 내재한다. 이승휴(1224~1300)는 『제왕운기』(충렬왕 13년, 1287)에서 단군과 소중화 그리고 그를 통한 국가 의식을 보여주었다. 이승휴는 우리 민족체가 역사 공간상으로 중국 중심의 천하와 구별되는 천하관을 견지하였다고 주장하였다. 그는 "요하 동쪽에 별도로 한 천지가 있으니, 지역이 중국과 구분되어 나뉘었네 ……"라고 하였다. 고려가 있는 요하 동쪽의 지역이 중원 국가들의 역사 공간과는 구별되는 독자적인 천하이고, 그 나라는 천손天孫이 건국하고 발전시켰다고 보았다. 그는 단군 신화를 역사적 사실로 인

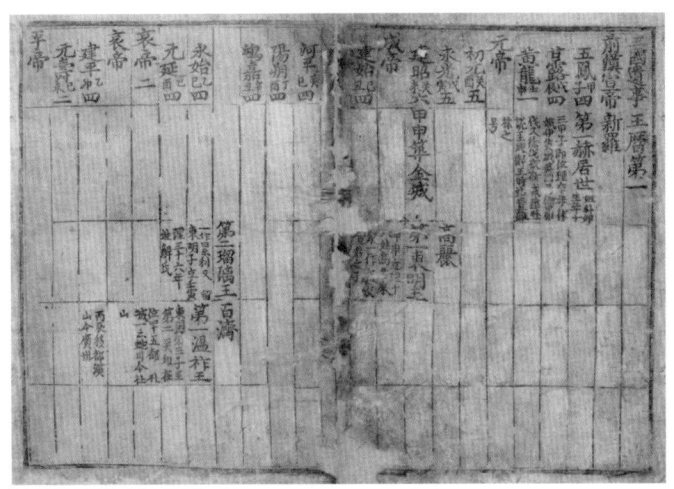

자료8 | 『삼국유사』 권 1~2(파른본 삼국유사)

정하여 상제 환인과 연결되는 신성성을 강조하였고, 요가 즉위한 무진년에 단군이 나라를 세워 순 임금을 지나 하나라에 이르기까지 왕위에 있었다고 서술하여 우리 민족체의 역사 편년을 중국과 대등하게 파악하였다. 동시에 이승휴는 기자 조선을 인정하되 기자가 주 무왕 때 망명해 와서 후조선을 세웠다고 하여 그 선후 관계를 분명히 하기도 하였다. 그는 기자가 세운 후조선부터 우리가 중국과 동질적인 문명을 공유하고 있음을 강조하였다.

이는 교화와 예의가 기자로부터 시작하였다고 하는 소중화小中華 의식과 관련이 있다. 이승휴는 기자를 통한 중국 문명을 긍정하고 본받아야 할 것으로 보았다. 그에게서 문명의 기준은 중화中華였다. 그는 고려 왕이 친조하지 않을 수 없는 상황에서, 원을 중화로 인정하면서 여·원 관계를 동아시아의 전통적인 조공·책봉 관계의 연장선에서 파악하였다. 그가 생각하는 사대 관계는 유교 이념에 의하여 뒷받침되는 것이고 국가의 주권 의식과 모순되지 않는다. 기자는 먼저 건국한 다음 나중에 수봉受封한 것이며, 그것도 무왕이 멀리서 왕으로 봉작하는 조서를 보내왔기 때문에 예의상 사례하지 않을 수 없어서 입근入覲하였다고 서술하였다. 기자 조선의 자주성을 강조하였던 것이다.

기자의 한국사 편입은 고려가 1325년에 기자사箕子祠를 재개하는 것으로 이어진다. 충숙왕은 5년간 원에서 억류되어 있다가 고려로 돌아온 후 기자箕子에 대한 제사를 재개하고 고려의 풍속을 유교의 제도를 근간으로 혁신해 가려고 하였다. 아버지 충선왕이 전위傳位하여 왕위에 올랐으나, 국왕으로서 역할을 제대로 수행하지 못하다가 충선왕이 토번吐蕃에 유배되면서 비로소 왕권을 행사할 수 있었던 시대적 배경에서, 충숙왕은 국정 쇄신의 일환으로 교서를 반포하고 풍속을 개혁하여 유신의 덕화를 이루기 위하여 예제, 유교 제사와 관련된 조치를 취하였다. 우선 명산대천名山大川에 덕호德號를 붙이고 원구圜丘와 적전籍田 등을 수리하여 제사 지내며 선대의 능에 초목을 금하고 역대 국왕에게 존호를 더하였다. 여기에 기자 사당을 수리하여 제사 지내며 공자 10철 72제자 및 최치원에게 제사 지내도록 하였다. 유교의 문명의 상징인 기자를 높이고 그 의미를 부각시킴으로써, 기자를 임금에게 간언한 현인에서, 조선에 홍범을 전수한 교화자(전달자), 조선 삼한의 문물의 창시자, 왕도와 명분·의리를 체득한 인격자, 조선에 중국의 삼대 정치를 구현한 존재로 그 의미를 확대·발전시키려는 것이었다. 고려는 긴밀해진 대원 관계를 바탕으로 유교 문명을 실현해 가는 것을 목표로 하였으므로, 중국 유교 문화, 문명을 최우선 가치로 두어 기자를 내세웠던 것이다.

아울러 이승휴는 역사에서 외세의 무력 침공을 나라 망한 것[國亡]의 직접적 원인으로 보면서도, 역사적으로 우리 민족체가 외침을 물리친 사실들을 전혀 언급하지 않았다. 『제왕운기』에는 고려 시대 북방 진출과 관련된 사실이나 몽골에 빼앗긴 영토 회복과 관련된 언급은 없다. 외침을 물리친 항전 사실들을 기록하지 않은 이유 중의 하나는 외세의 침범과 개입에 대하여 무력 항쟁을 벌이는 것보다 외교적 대응이 중요하다고 인식하였기 때문이다. 그리고 무열왕이 당나라에 청병하여 백제와 고구려를 아우른 것을 비판하지 않고 오히려 호의적 관점에서 서술함으로써, 외세를 끌어들여 민족체의 문제를 해결하는 것을 긍정적으로 파악하였다.

이승휴는 중화에서 문명의 준거를 찾고 사대 관계를 국제 질서의 기본 틀로 인식하고 민족체의 문제를 종주국의 힘에 의지하여 해결할 수도 있다고 파악하였다. 이는 당시 외세의 힘을 빌려 무신 정권을 무너뜨리고 왕권을 회복한 현실 사정을 감안한 것이었다. 1269년(원종 10) 임연이 원종을 폐위시키고 무신 정권을 재건하려고 하였지만, 몽골에 가 있던 태자(충렬왕)가 그 소식을 듣고 몽골(원)에 요청하여 원종을 복위하게 하였다. 복위한 원종은 원에 친조하였다가 임연의 숙청과 출륙환도를 위한 병력 지원을 요청하여 그 군대를 대동하고 귀국하였고, 이에 호응한 정변으로 마침내 무신 정권이 종식되었다. 원종의 복위와 무신 정권의 실각은 고려 왕이 몽골의 군사 지원을 받아 권력을 회복한 사건이었다. 이에 따라 이후 충렬왕 초기에 원이 국속 보존을 약속한 세조구제世祖舊制에 입각하여 새로운 여·원 관계가 성립하면서 원의 간섭을 현실로 인정하였다. 이승휴가 여·원 관계를 찬양한 것은 그런 현실 인식에 바탕을 둔 것이었다.

이승휴의 단군, 기자에 대한 역사 인식은 당시 고려가 원나라와 천자·제후라는 새로운 지배 질서를 유지하고 왕조의 정체성을 확립하기 위하여 고려·원 관계에 대한 새로운 역사 인식의 필요성 때문에 제기된 것이다. 즉 고려는 원과의 형제 맹약 이후 양국 관계를 중심으로 한 약 1백여 년의 역사를 새롭게 인식하고 서술할 필요가 있었다. 이에 당대사當代史에 대한 역사 서술과 인식이 활발하게 일어나게 되었다. 정가신은『천추금경록千秋金鏡錄』을 지었고 민지는 충렬왕의 명으로 이를 증수하여『세대편

2

원 관료 이곡의 국가관

이곡 李穀(1298~1351)은 충청도 한산의 지방 향리 출신으로, 고려와 원의 과거에 합격하여 관료 생활을 하면서 당대 최고의 선진 문화와 문명을 체험하고 고려를 전통문화에 바탕을 두고 개혁하려 한 선진 지식인이었다.

그는 1333년에 원나라 과거 시험인 제과制科에 합격하고 관료 생활을 시작하면서 중국의 뛰어난 학자들과 교류하였다. 여기에는 시관試官이었던 송본宋本과 동년同年인 왕기王沂·장기암張起巖·게혜사揭傒斯·장승張昇·진려陳旅 등이 포함되었다. 이들과의 교류는 단순히 사교의 의미를 넘어서 성리학이라는 새로운 지식을 습득하고 참된 유학자 상과 이상적 관료상을 배우며, 궁극적으로는 고려 사회가 어떠한 사회가 되어야 하는가를 성찰하게 하는 계기로 이어졌다. 그런 의미에서 이곡의 원 문인과의 만남은 지식 교류의 장이자 지식 네트워크의 형성의 장이 되었으며, 이러한 점은 고려 사회가 지식 사회가 될 수 있는 기반이 되고 장차 유교 문치가 실현되는 지적 토대가 마련된 것이라고 평가할 수 있다.

자료9 | 이곡의 원 관료 생활

번호	재원 시기	내용
1	충숙왕 14년(1327) 2월	원 대도에 제과 응시 불합격
2	충숙왕 후2년(1333) 2월 ~충숙왕 후3년(1334) 4월	원 제과에 응시와 합격, 한림국사원 검열관 순제의 흥학 조서를 가지고, 고려의 묘학(廟學) 시찰
3	충숙왕 후4년(1335) 3월 ~충숙왕 후6년(1337) 9월	충숙왕 후6년(1337) 9월 휘정원관구겸승발가각고 (徽政院管勾兼承發閣庫) * 정동행성원외랑: 1337.9~1341.2(3년 5월)
4	충혜왕 후2년(1341) 2월 ~충목왕 원년(1345) 12월	정동행성 하개원표(賀改元表)를 가지고 대도에 도착 충혜왕 후4년(1343) 3월 봄 중서사전부(中瑞司典簿) 1345년 4월 황제 따라 상도에 감
5	충목왕 2년(1346) 2월 ~충목왕 3년(1347) 10월	1346년 정월 반삭(頒朔)을 갖고 귀국 10월 『편년강목』 『삼조실록』 과거 주관, 이색 혼인
6	충목왕 3년(1347) 12월 ~충목왕 4년(1348) 5월	중서사전부로 아들 이색이 원 국자감 생원이 됨 중서차감창(中書差監倉)(종 5품) 1348년 5월 귀국. 충정왕 3년(1351) 정월 죽음

이곡은 고려인 원나라 관료로 원나라를 천자국, 상국으로, 고려를 제후국으로 파악하였다. 여기서 원나라의 정책이 고려의 자주성이나 이익에 배치되는 경우가 생길 수 있다. 당시 원과의 관계가 긴밀해지고 고려인의 몽골 관직 수여와 승습이 확대

되면서 원 황제와 고려인 몽골 관직 승습자 사이에 '직신直臣'관계가 형성될 수 있었다. 이곡으로서는 고려 왕보다는 원 황제를 우선하기 쉬운 환경에 처해 있었던 것이다. 하지만 이곡은 그렇게 하지 않았다. 배신陪臣은 신하의 신하라는 뜻으로 제후국의 신하와 천자와의 관계를 설명할 때 쓰이는데, 이곡은 원나라 황제의 신하보다도 고려 국왕의 신하로서 고려를 우선하였다.

이곡은 원과의 새로운 국제 관계를 존중하면서 고려 국가의 안위와 정상적인 정치 운영을 기대하였다. 고려 국가의 보위와 군주에 대한 충성심을 강조하고 반대로 국왕을 해하는 행위는 용납하지 않았던 것이다. 이곡이 원 관료 생활을 하면서 가졌던 주된 관심은 내정 개혁을 통한 고려의 중흥과 정상적인 국가 운영이었다. 행장이나 묘지명을 지으면서, 해당 인물을 평가할 때 평가 기준은 고려 국가의 보위와 군주에 대한 충성심, 그리고 개혁에 관한 것이었다. 반대로 국왕을 해하는 행위는 용납하지 않았다. 심왕이 충숙왕을 모함한 것, 신예가 충혜왕 압송에 가담한 것, 기철이 부원 행위를 한 것을 비판한 것이 그 사례이다.

원나라가 고려에 공녀貢女 파견을 요청하자 원 관료였던 이곡은 성상聖王의 어진 정치와 세조 쿠빌라이가 천명한 고려의 토풍은 고치지 말라는 '불개토풍不改土風'에서 말하는 고려의 옛 풍습과 제도, 그리고 고려 국가의 독자성과 문화의 유구성을 바탕으로 이에 반대하는 글을 지어 원나라 어사대에 올렸다. 공녀의 약탈적 성격과 고려 백성의 고통을 지적하며 공녀 파견에 반대하는 고려 백성의 이익을 주장하였던 것이다.

이곡은 새로운 정치[新政]를 통하여 나라다운 나라를 건설하고자 하였다. 이곡은 당시 사회를 불안정하고 국가 운영이 제대로 되지 않는다고 보았다. 그는 "충목왕이 즉위한 후 경장의 뜻을 백성들에게 밝히려고 하자 백성들이 굶주린 자가 밥을 찾고 목마른 자가 물을 찾듯이, 새 임금님을 목을 빼고 기다리고 눈을 씻고 새 정치를 고대하고 있다"고 하였다. 그는 충선왕이 신법新法을 세워 내부의 어려움을 평정하고 고려의 오래된 폐단을 개혁하려 하였다고 평가하였다. 충선왕은 중앙 관직과 지방 제도를 개혁하고 전민계점사田民計點使를 파견해서 은닉된 토지와 호구를 파악해서 국가 재정을 넉넉하게 하고자 하였는데, 이곡은 이러한 충선왕의 개혁 노선에 전적으로 동의하였다. 이는 충선왕의 재정 확보책에서 전민계점사로 일한 채홍철의 행적을 높이 평가한 것에서도 확인할 수 있다.

이곡은 1344년에 충목왕이 즉위하면서 새로운 정치를 지향하자, 당시를 개혁의 적기로 보고 개혁 상소를 올렸다. 이곡은 여기에서 "고려는 나라가 나라답지 못하고 풍속이 무너지고 형정刑政은 문란해져서 백성들이 도탄에 빠져 살 수 없게 되었다"고 보았다. 이를 타개하기 위하여 군자로 대표되는 인재를 등용해야 한다고 역설하였다. 사직의 안위와 인민의 잘살고 못살고, 사군자의 진퇴 등은 모두 재상의 손에 달려 있다고 전제하고, 군자가 관직에 진출하면 사직이 안정되고 군자를 물리치면 인민이 괴롭게 되는 것이 고금의 변하지 않는 이치이니, 인재를 등용하는 것이야말로 정치를 행하는 근본이 된다고 하였다. 이곡은 유학자로서 군자를 관료로 등용해서 직언과 정론으로 바른 정치를 행할 것을 주장하였던 것이다.

이곡은 고려의 현실 개혁을 주장하면서 원의 법제와 고려의 법제를 절충할 것을 주장하였다. 1340년 12월 정동행성 관리인 게이충揭以忠이 임기를 마치고 돌아갈 때 주고받은 대화에서, 고려는 옛날 삼한의 땅으로 풍속과 언어가 중국과 같지 않으며 의관과 전례典禮가 하나의 법이 되었다는 전제 아래 국속國俗과 원나라 제도[元制]를 병용할 것을 주장하였다. 연구에서는 전자를 국속론國俗論 후자를 통제론通制論이라고 하기도 한다. 그는 원 문화를 전면적으로 수용하자는 의견에는 반대하여 고려의 오랜 전통을 바탕으로 원의 법제를 수용하자는 견해를 제시하였다.

이곡은 1348년 12월에 충목왕이 죽자 공민왕 옹립에 노력했다. 당시 왕위 계승 후보로는 충혜왕의 친동생인 19살의 왕기(공민왕)와 충혜왕과 희비 윤씨 사이에 태어난 11살 아들 왕저(충정왕)가 있었다. 고려에서는 왕후王煦·이제현 등이 충혜왕의 아우인 왕기(공민왕)가 왕위를 계승해야 한다고 보고, 원나라 중서성에 글을 올려 요청하였다. 또 기로耆老와 여러 관원들도 중서성

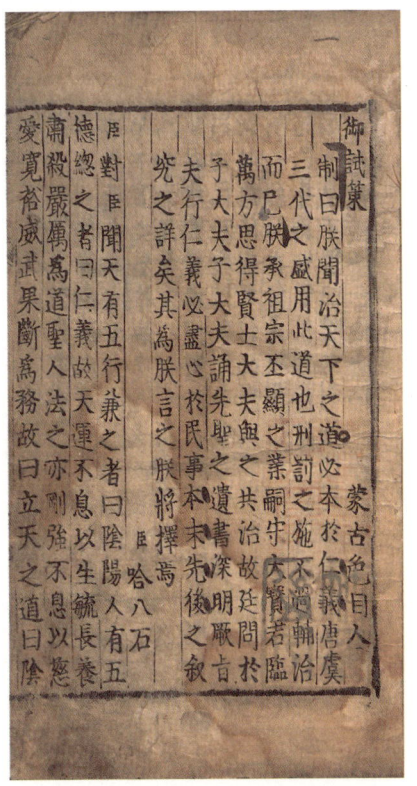

자료10 | 원 과거 시험 답안지(『어시책』)

에 의견을 전달하였는데, 이때 원에 있던 이곡이 글을 작성하였다. 그러나 1349년 5월 원나라에서는 왕저를 국왕(충정왕)으로 임명·발표함으로써 이곡의 노력은 실패로 돌아갔다. 이곡이 지지한 공민왕의 왕위 계승은 이곡이 죽은 후로 미루어야 했다.

이곡은 유학자 군자가 관료가 되어 나라를 안정시키고 무엇보다도 백성을 편안하게 해야 한다고 보고, 이를 위해서 지방관의 역할을 강조하였다. "백성이 자기 목숨을 맡기는 자는 관리[有司]이다" "민은 나라의 근본인데 민은 관리로서 하늘을 삼는다" "어려서부터 향리에서 성장하여 백성의 화복이 실로 수령에게 달려 있다는 것을 알았다"라고 하여 백성의 잘살고 못사는 것과 관련하여 수령의 역할이 중요함을 역설하였다.

이곡은 당시 사회 문제였던 농민들의 유망 현상의 원인으로 항심恒心 부재를 제시하였다. 이곡은 『맹자』의 항심·항산론 가운데 항심을 중시하고, 항심이 없어서 농민 유망이 발생한다고 보았다. 『맹자』는 항상적인 생산[恒産]이 있어야 항상적인 마음(윤리 도덕), 곧 항심恒心이 발현될 수 있다고 보았지만, 이곡은 『맹자』와 정반대로 이해하여 유망의 원인을 항심이라는 인간의 도덕적 본성의 상실에 있다고 본 것이다. 이는 항산이라는 물질적·사회적인 측면보다는 항심이라는 정신적·개인적 측면을 중시한 것이다. 곧 유망으로 표현되는 민의 동요·사회 불안을 인간 개개인의 인성·윤리 문제로 파악하였다. 이곡은 백성이 항심을 갖기 위하여 학교 교육을 강화하고 풍속을 두텁게 하며 도덕 교육을 강화시키려고 하였다. 그는 이익의 추구보다는 교화를, 제도의 개혁보다는 인성의 자각을 우선시하였다. 향교를 통하여 인간이면 누구나 지켜야 할 도리, 윤리 도덕을 교육시킴으로써 사회를 교화시키고자 했던 것이다. 당시 향교에는 일반 민의 자제 가운데 갓 젖 떨어진 아동에서 성인에 이르기까지 연령의 제한이 없었다. 향교의 교육을 강화하고자 한 이곡의 개혁론은, 덕성 함양을 개인적인 것에 머무르지 않고 사회적인 방향으로 이어지게끔, 공동체 구성원에게 지향점을 제시한 것이었다.

한편 이곡은 백성의 안위와 연결된 지방관은 백성의 마음을 편안하게 해야 한다고 하였다. 그러한 생각은 천명天命은 지혜로 구할 수 있는 것이 아니고 백성의 마음[民心]은 무력으로 얻을 수 있는 것이 아니라고 하는 말에서 잘 드러난다. 백성이 마음으로 복종하도록 하고 이를 통하여 일을 도모하여야 한다는 것이다. 백성을 위한 정치의 핵심이 수령守令이라고 할 때, 가장 중요한 일은 백성의 마음을 편안하게 하는 것이다. 백성의 마음을 얻은 연후에 의미 있는 건축물과 시설을 건설하는 일, 곧 고을 통치에 필요한 토목 공사를 시행하도록 하였다. 아울러 본성 함양과 마음의 감복感服은 상대방을 인정하고 존중하며 소통의 가능성을 제시하며 국가 정치, 작게는 지방 정치의 원리로 활용될 수 있다고 하기도 하였다.

이곡은 유교의 문명사회, 구체적으로는 덕성 함양과 인문 의식을 고양하는 문치 사회를 실현하는 것을 목표로 하였다. 그는 유교의 덕치를 통하여 이를 달성하고자 하였다. 형률을 이용해 타율적으로 다스리는 패도 정치에서 예악으로 인민을 교화시켜 자발적으로 순응하도록 하는 이른바 왕도 정치를 추구한 것이다. 덕치의 근저에는 인륜의 수행을 통해 인간이 공동체적 삶을 이루고 그러한 인륜성을 온전히 실현하는 체제가 될 때, 비로소 참다운 정치가 된다는 유교의 고유한 정치론이 담겨있다. 이곡은 고려와 원의 관료로서 고려 국가의 역사와 전통을 바탕으로 독자성과 자율성을 모색하면서 고려를 개혁하고 문명사회를 건설하려고 하였다.

3

공민왕의 반원 개혁과 등거리 실리 외교

원의 지배와 간섭은 공민왕의 반원 개혁으로 일단락된다. 물론 원 간섭기에도 고려의 정치적 자율성을 확보하고 문화의 독자성을 유지하려는 노력이 있었다. 고려는 충선왕의 개혁 교서와 홍자번의 상소를 통하여 폐단을 시정하려고 하였고, 사림원詞林院과 찰리변위도감, 정치도감 등과 같은 임시 기구를 설립하여 부정을 일으킨 사람들을 제거하고 폐단을 제거하려고 하였다. 초기 연구에서는 이것들을 원과 관련을 맺고 출세한 권력층을 몰아내고, 원나라의 간섭에 저항하려는 시도로 이해되었다. 하지만 원의 지배하에서 제도를 고쳐나가고 원과 밀접한 인물들을 제거하는 것은 일정한 한계가 있음이 이후의 연구를 통해 지적되었다. 즉 원 간섭기 정치를 측근 정치로 규정하고, 개혁 정치는 원의 간섭에 대한 저항이 아니라 측근 정치의 구조

속에서 기존 국왕 측근 세력의 불법 행위를 제어하는 것에 한정되어 권력 집단 내부의 문제로 그 의미를 축소시켜 이해하였다. 또 다른 연구에서는 이 시기 개혁 정치를 고려 - 원 관계에서가 아니라 고려 사회 내부의 계급 갈등에서 원인을 찾고, 개혁 정치의 동기 또한 민의 유망으로 나타나는 사회·경제적 모순에 대한 대응이라고 보았다. 즉 당시의 개혁 정치 또한 12세기부터 이어온 지배층의 토지 탈점과 과중한 수취로 인해 사회·경제적 모순이 심화된 것을 해결하고자 수취 제도의 정비를 해결하는 데 그쳤다고 보는 것이다.

공민왕 대의 개혁 정치는 원 간섭기의 개혁 활동의 연장선에서 이해될 수 있다. 물론 원 간섭기의 개혁에서 반원적인 요소를 발견하기 어렵고, 원의 지배를 인정하는 가운데 사회·경제의 모순을 완화시키는 것에 지나지 않았던 측면도 있었다. 그러나 이러한 측면은 무신 집권기와 원 간섭기를 지나면서 형성된 정치·사회 모순을 타개하려는 시도의 연장선에서 제기되고 추구되었다는 점에서 공민왕 때 개혁 정치의 시대적 의미를 평가할 여지는 충분하다.

공민왕(1330~1374, 재위 1351~1374)은 원의 간섭에서 벗어나 반원 개혁을 추진하였다. 그는 충숙왕과 덕비 홍씨(남양 홍씨) 사이에 형인 충혜왕 다음의 차남으로 출생하였다. 충혜왕이 복위한 다음 해에 12살 나이로 원에 들어가 인질로 지내다가(충혜왕 후2년, 1341), 충혜왕이 죽고 그의 큰아들 왕흔(충목왕)이 8세로 즉위하였다. 충목왕이 재위 4년 만에 죽자 충목왕의 배다른 동생(왕저, 후에 충정왕)과 공민왕(왕기, 충혜왕의 동생)이 차기 왕의 후보가 되었다. 원은 충정왕을 왕으로 지목하였지만, 충정왕 대 정치적 불안정과 왜구 침입에 대한 대응 능력의 불신으로 인해 충정왕을 퇴위시키고 공민왕을 즉위시켰다.

원에서 즉위를 통보받은 공민왕은 사신을 통해 이제현을 수상으로, 그를 수종하던 조일신, 유숙과 김득배를 대언으로 임명하고 즉위 교서를 반포하며 정책 방향을 제시하였다. 공민왕은 고려의 역사와 전통을 강조하고 고려의 선왕으로부터 내려온 법도[先王之制]를 회복하며, 변발과 호복을 금지시키고 정방을 폐지하며 전민변정도감을 설치하는 등 쇄신을 꾀하였다. 그러나 공민왕 원년에 수종신 조일신이 기철 일파를 제거하고자 난을 일으키자 의욕적인 개혁 정치가 주춤하기도 하였다.

공민왕 5년(1356) 6월에는 본격적인 반원 개혁 정치를 추진하였다. 기철 등 부원 세력을 제거하고 정동행성 이문소를 혁파하며, 압록강 서쪽 8참站과 쌍성총관부의 폐지, 원의 지정 연호 사용 정지 등을 행하였다. 이에 대하여 원나라는 이해 7월에 고려군이 압록강 서쪽을 공격한 사건만 문제 삼았다. 고려는 압록강 서쪽을 공격한 인당印瑞을 참수하고 압록강을 건너가 약탈한 일을 사과하였다. 결국 양국 관계는 군사적 충돌의 위기까지 치

자료11 | 개성의 성균관

달았으나 10월에 고려가 요구한 황태자 생일인 천추절의 진하사進賀使 파견을 원이 수용하여 외교적으로 해결되었다. 공민왕 5년(1356) 10월 고려에서 이인복을 원에 파견하고 원나라에 직공職貢을 닦겠다고 하였는데, 원나라는 수락하였다. 공민왕 5년 반원 개혁 이후 원과의 천자·제후 관계는 유지되었다.

공민왕은 반원 개혁을 통하여 원에 의해 왜곡되고 변질된 고려의 법과 제도를 정상화시키려고 하였다. 이색은 공민왕 5년 정방 혁파를 중심으로 하는 시정時政에 관한 8가지 일을 올렸는데, 공민왕은 이를 모두 받아들였다. 이러한 의견이 반영된 공민왕 5년의 관제 개혁은 문종 대의 구제를 회복하는 것을 목표로 하였다. 공민왕과 우왕 대의 관직 제도의 정상화의 기준은 문종 대 만들어진 '선왕지법先王之法'·'고제古制'·'구제舊制'·'구법舊法'으로서, 무신 집권기나 원 간섭기에 흐트러진 고려의 옛 관제와 제도를 복구하려는 것이었다. 공민왕의 반원 개혁은 원의 간섭을 배제하여 정통적인 한중 관계를 통한 고려의 자주성을 강화하는 것을 목표로 하였고 성공했다고 할 수 있다.

고려는 명나라가 건국되자 친명 사대 정책을 전개하였다. 공민왕 17년(1368) 명이 원의 수도인 대도를 점령하고 고려에 사신 설사偰斯를 보내 홍무제의 즉위와 국호인 명, 연호를 홍무라고 정했음을 알려왔다. 고려는 예부상서 홍상재를 보내 등극을 축하하였다. 공민왕 19년(1370) 5월 명은 공민왕을 책봉하였고 고려는 홍무 연호를 사용하였다. 명과 고려의 사대 관계, 조공·책봉 관계가 성립하는 것이다. 당시 명은 중국의 완전한 통일, 특히 원을 완전히 제압하기 위해 분주하였다. 1372년 1월 명 군대 15만 명이 카라코룸和林을 공격하였으나 실패하였다. 요동에는 원의 요양행성 승상 나하추納哈出가 세력을 유지하면서 명의 요동 진출을 막고 있었다. 공민왕 17년 11월부터 공민왕 23년 4월까지 명에서 고려에 보낸 사신은 8회, 북원이 고려에 보낸 사신은 23회인데 고려가 명에 보낸 사신은 16회, 북원에 보낸 사신은 4회이다. 명에 치우친 고려의 대중국 외교를 보여주지만, 원과의 관계를 유지하는 등거리 외교 또한 전개되고 있음을 확인할 수 있다.

명은 공민왕 20년 무렵부터 고려에 대한 고압적인 정책을 취했다. 명은 정료도위定遼都衛를 설치하여 본격적으로 요동 경략을 시작하면서, 요동에 대한 고려의 영향력을 막고 고려와 북원의 연결 가능성을 차단하고자 하였다. 명은 건국 후 1375년(홍무 8) 지방 제도 개편에서 오군도독부五軍都督府를 두고 여기에 전·후·좌·우·중을 만들고 좌군도독부 아래에 요동도지휘사사遼東都指揮使司를 설치하여, 요동 최고의 군정軍政을 담당하도록 하였다. 그리고 아래에 위소衛所를 두었는데, 요양遼陽에 설치한 것이 정료도위이다. 명나라는 공민왕 20년(1371) 요동을 경유하는 조공로朝貢路를 폐쇄하고 고려에서 파견한 성절사, 하절사, 천추절사를 귀환시켰으며 공민왕 22년 7월 고려 사신은 3년에 1번씩 조빙하도록 조처하였다. 이와 함께 제주의 공마貢馬 2000필을 요구하였다. 이에 반발한 제주의 목호牧胡들이 반란을 일으키자 최영이 이를 진압하였다. 공민왕 23년 11월에 우왕의 즉위를 알리기 위해 장자온을 명에 보냈으나, 김의가 명 사신 임밀과 채빈을 죽이고 북원으로 도망한 사건이 발생하자 고려로 되돌아왔다. 다음 해 1월 정도전과 박상충의 주장에 따라 공민왕의 시호와 승습을 요청하는 사신을 명에 보냈다. 명 사신 살해 사건은 우왕 대 외교 현안이 되었다.

북원은 공민왕의 후임 왕으로 심왕瀋王 왕고王暠의 손자 탈탈불화脫脫不花를 임명하였다. 여전히 고려와의 관계를 유지하려는 북원은 이전의 고려와 원 관계처럼 고려 왕에 대한 임명 권한을 행사하였다. 우왕 즉위를 통해 권력을 장악한 이인임 등은 북원과의 외교적 담판을 통하여 북원의 고려 왕 임명을 저지하고자 하였다. 이에 이인임 등이 종친·기로·백관들과 함께 우왕이 공민왕의 유지로 즉위한 사실을 알리는 글을 지어 북원의 중서성에 보내려 하였고, 심왕 옹립에 강력하게 대처하고자 하였다. 결국 우왕 3년 2월 우왕은 북원으로부터 책봉을 받았고 원의 연호 선광宣光을 사용하였다. 이어 계품사와 하절사, 성절사를 보내어 원과의 사대 외교 관계를 도모하였다.

고려는 명과도 사대 관계를 유지하였다. 고려로서는 우왕의 즉위를 명으로부터 승인받는 것이 필요하였고, 명으로서는 요동의 북원 세력의 제압이 중요한 현안이었으며 요동 거주인의 송환 문제도 있었다. 우왕 3년(1377) 12월 명에 억류된 고려인 358명이 귀환하였다. 이에 고려는 우왕 4년 3월에 명에 시호와 책봉을 요청하였고, 우왕 4년 9월에는 홍무 연호를 다시 사용하였다. 같은 해 10월 심덕부와 김보생을 각각 하정사와 사은사로 명에 파견하였는데, 우왕 5년 3월 이들 사신이 귀국 길에 명 사신인 주차奏差 소루邵壘와 조진趙振과 함께 돌아왔다. 첨수참甜水站에서 명 사신은 고려가 문천식文天式과 오계남吳季南을 북원에 사신으로 보낸다는 말을 듣고 고려는 예전에 명 사신을 죽였고, 지금 두 마음을 품으니 내가 고려에서 죽는 것보다 우리나라(명)에서 죽겠다 하고는 돌아갔다. 고려는 명과 원에 사신을 보내는 등 거리 실리 외교를 진행하고 있었고, 이것이 명이 의구심을 갖게 만드는 이유가 되었다. 이때 명에서 보내온 문서에서 집정 대신이 내조하고, 공마 1천 필, 우왕 5년부터 금 100근, 은 1만 냥, 포布 1만 필, 말 100필 등을 매년 보내고 고려로 유입된 요동인 수만 명을 쇄환할 것을 요구하였다. 우왕 5년 10월에는 이를 다시 증액하여 요구하였다.

이때의 명의 요구는 공민왕 대보다 무거운 것으로, 고려로서는 감당하기 어려운 것이었다. 이에 고려는 명에 공물의 감면을 요청하였다. 우왕 6년 8월 명은 고려의 요구를 일부 받아들이고 이미 보낸 말 이외에 다시 100필을 바치고 이듬해부터 금 100근, 은 5천 냥, 포 5천 필, 말 100필을 보내면, 명 사신을 살해한 것을 사면할 것이라고 하였다. 이는 고려와 명의 외교관계를 정상화하는 걸림돌이었던 명 사신 살해 문제를 공물로 해결하겠다는 방침을 전달한 것으로 볼 수 있다. 우왕 6년 12월 권중화가 금 300냥, 은 천 냥, 포 4천500필, 말 450필을 보내고 우왕의 책봉을 요구하였지만, 요동도사에서 정액에 미달한다는 이유로 입국이 거절되었다. 명은 고려와 북원의 연결 가능성을 계속 주시하고, 고려 역시 명이 고려를 공격할지 모른다고 우려하였다. 우왕 8년(1382) 7월 북원의 잔존 세력이 있는 중국의 운남雲南이 평정되자 고려의 공물 감면 요구를 일부 수용하기는 하였지만, 사신의 명 입국은 여전히 거부당하였다. 우왕 8년 11월 명나라 사신으로 파견된 정몽주가 입국을 거부당하였을 때, 명은 "지금 수년간의 세공을 한 번에 받겠다"고 하여 고려와 명의 정상화의 선결 조건이 공물임을 분명히 하였다. 당시 고려와 명 사이의 국경에서 몇 차례 국지적인 군사적 충돌이 있었고, 고려는 명이 침략해 올지 모른다고 우려하였다. 명과 고려의 긴장 관계는 우왕 9년 7월 이성계가 당시 북방의 국방 문제에 대해 북계를 중심으로 하는 대비책으로 안변책을 제시한 것으로 나타난다. 이성계는 여기에서 방위력을 강화하기 위해 군인들의 기본 훈련 실시, 군호 편성, 일원적 지휘 체계의 수립, 군량 조달 등의 군사적 조치를 제안하였다.

명은 고려에 공물을 강하게 요구하면서, 고려와의 협상을 마무리하고 북원 세력 진압에 나서고자 하였다. 명은 완전한 중국 통일이 이루어지지 않은 상태에서 북원과 고려의 연결 가능성을 예의주시하였다. 우왕 9년(1383) 10월 혼하구자渾河口子 전투에서 달단韃靼에 패한 명은 나하추의 아들 문합자불화文哈剌不花가 고려에 1년간 머물고 있는 상황을 우려하였다. 달단이 고려와 연합하여 요동을 공격하려 한다는 첩보에 명이 군대를 동원하여 고려를 선제공격하자는 의견도 제시되었다고 한다.

명은 우왕 9년 11월에 우왕 5~9년까지 5년간의 세공 말 5천

필, 금 500근, 은 5만 냥, 포 5만 필을 일거에 보낼 것을 독촉하였고, 그동안 기한을 넘긴 문제는 고려 국왕과 집정 대신의 과실은 아니라고 회유하였다. 고려로서는 공물 문제만 해결하면 우왕 책봉 문제가 해결되고, 불편했던 명과의 외교 관계를 개선할 기회로 보고, 우왕 9년 12월 백관 회의에서 명의 공물 요구를 수용하기로 했다. 그리하여 진헌반전색進獻盤纏色을 설치하고, 우왕 10년 5월 명이 요구한 공물을 보냈다. 금과 은은 고려에서 생산되지 않은 물품이므로 가격을 따져 대신 납부하였다고 한다. 공물이 도착하자 대리大理로 유배된 고려 사신을 귀국시키고, 고려가 요청한 우왕을 책봉하였다. 이때가 우왕 11년(1385) 9월이니 요청한 지 12년이 걸린 셈이다. 공민왕의 아들로는 정통성이 의심되던 우왕이 명으로부터 책봉을 받게 되었던 것이다. 공민왕의 시호를 내리고 우왕을 책봉하러 온 명 사신들은 고려가 헐어버린 명 사신 서사호徐師昊가 세운 비석을 다시 세우게 하고, 고명誥命을 받는 것을 태묘에 알리는 제사에 소홀하였다고 지적하기도 하였다.

명은 우왕 12년에도 말 5천 필과 별도로 3천 필을 교역해 갔다. 이는 명이 원의 잔존 세력을 목전에 두고 전쟁에 필요한 전마戰馬를 고려에서 공급받고, 고려에 대한 확실한 우월적 주도권을 잡기 위한 외교책으로 볼 수 있다. 명은 우왕 11년부터 요동의 북원 세력의 공략에 나섰고, 우왕 13년 6월에 20만 군을 동원하여 나하추의 북원을 평정하였고, 이듬해에는 탈고사첩목아 脫古思帖木兒, 원 순제의 손자의 본거지를 토벌하여 10만 명을 포로로 잡았다. 이에 따라 명은 고려와 국경을 맞닿게 되고 고려에 대한 공물 요구를 계속하였다. 그리고 명은 고려에 철령위 설치를 통보하였다. 북원을 굴복시킨 명은 원나라의 지배 영역을 그대로 이어받고, 고려의 철령 이북을 차지하고자 하였던 것이다. 이때 명의 의도는 두만강 쪽의 여진을 대상으로 한 삼만위三萬衛와 압록강 쪽의 여진을 대상으로 한 철령위의 설치로 나타났다. 명은 요심 지역에서 압록강과 두만강에 이르는 중간 지대에 대한 경략을 건너뛴 채, 일거에 고려와의 세력 범위가 맞닿는 두만강·압록강 유역의 여진을 어루만지고 달래는 초무招撫 대상으로 삼아 철령위와 삼만위를 설치하였다. 이는 고려가 여진을 포섭할 가능성을 막고, 꾸준히 지속되고 있는 고려의 북진 기도를 봉쇄하고자 한 것이었다.

하지만 명나라의 급진적인 진출은 군사적 중계 기지가 설치되어 있지 않았고, 지속적인 군량 보급이 쉽지 않았으며 이 지역의 여진의 저항도 거세어 한계에 봉착하게 되었다. 이에 삼만위와 철령위는 설치 초기에 곧바로 요동 지방의 개원과 봉집으로 철수하였다.

고려는 명의 철령위 설치에 대하여 외교적 타협이냐 요동 공격이냐로 논란을 벌였는데, 결국 최영의 요동 공격이 실행되었다. 그리고 홍무 연호를 중지하고 오랑캐 옷[胡服]을 입게 하며 반명 친원의 입장을 취하였다. 원에 사람을 보내 명을 협공할 것도 제의하였다. 이때는 이미 원이 명의 공격을 받아 카라코룸和林 방면으로 후퇴해 있었고, 내분이 일어나 멸망하기 직전이었다.

이성계는 요동 공격 도중에 위화도에서 회군하여 최영과 군사적으로 대결하고 권력을 장악하였다. 이때 명은 철령위 문제를 다시 거론하지 않았는데, 이는 이 지역을 고려 영토로 인정한 것을 의미한다고 할 수 있다. 또 고려의 요동 공격에 대해 아무런 문책도 하지 않았다. 명은 고려의 요동 공격이 충격이었지만, 이성계 일파에 대한 지지와 고려와 조공·책봉 관계를 재확인하는 것으로 마무리하였다. 신생 국가인 명나라는 체제를 정비하는 데 주력하고 고려와의 전쟁을 피하며 새로 차지한 요동 경영에 주력하고자 하였다.

명은 철령위 문제가 마무리된 뒤에도 고려에 내정 간섭을 시도하지 않았다. 위화도 회군 이후 이성계와 정도전, 조준 등은 체제 개혁을 의도하였는데, 이색과 정몽주 등은 이에 맞서 적극 대응하였다. 이색은 1388년 10월 명에 사신으로 가서 명나라의 고려에 대한 감독[監國]과 창왕의 입조入朝를 허락해 줄 것을 요청하였다. 이성계와 정도전의 지향을 막고 창왕의 권위를 강화시키려는 것이었다. 명을 통한 고려 왕조를 안정화시키려는 것이라고 할 수 있다. 그러나 명나라는 이를 거부하였다. 고려는 산이 막히고 바다를 사이에 두고 있으니 스스로 알아서 다스리라는 것이었다. 원나라가 살아있는 고려 왕을 교체한 중조重祚를 행하는 등 고려의 내정을 간여한 것과 달리 명나라는 고려 왕조의 내정 불간섭의 입장을 천명하였다. 이는 전통적인 사대 관계에 입각해서 소국의 정치적 자율성을 보장해주고 왕조 교체나 왕위 변동에 사후 승인 조치를 취한 전례를 따른 것이라 하겠다. 고려는 공민왕의 반원 개혁과 친명 외교 정책 그리고 우왕 대의 등거리 외교 등을 통하여 자국의 이익을 추구하였다.

제4장

원 문화 수용과 성리학적 개혁

1

원 문화 수용과 전통문화의 존중

고려와 원의 긴밀한 관계는 원의 문화를 적극 수용하는 계기로 이어졌다. 고려는 원을 전통적인 사대 관계에 따라 천자국으로 파악하였다. 그리고 유교를 국교로 삼은 바를 존중하여, 원의 유교 문화를 수용해야 할 보편 문화로 파악하고 사상과 제도를 적극적으로 수용했다. 고려는 성리학을 수용하고 원의 법제나 과거제를 비롯한 합리적인 제도를 폭넓게 도입하였으며, 원나라의 동성 혼인 금지령에 따라 고려의 왕실 근친혼을 금하였다.

고려는 원종 즉위년(1259)에 몽골과 강화 협정을 맺고, 원종 11년(1270)에 개경으로 환도하였다. 몽골과의 오랜 전쟁으로 국토가 황폐해지고 백성들의 생활이 어려워져 정부 내의 협상 강화론講和論이 대두되고, 무신 정권 내의 최씨 정권이 무너지면서 강화 협상이 급진전되었다. 여러 차례의 강화 교섭을 하는 과정에서 몽골과의 협상 조건이 국왕이 원 사신을 영접하는 것에서 태자의 몽골로의 입조入朝로 변화되면서 휴전이 성립되었고, 고종 46년(1259) 4월 태자의 몽골 입조가 실현되었다.

강화의 조건으로 몽골에 간 태자(후에 원종)는 헌종憲宗, 뭉케이 죽고 왕위 계승의 논란에 있던 황제 즉위 전인 쿠빌라이를 개봉開封에서 만나게 되었다. 쿠빌라이는 "고려는 만리 밖의 나라로, 당 태종이 친히 정복하려 했어도 복종시키지 못했는데, 그 나라의 세자가 오니 이는 하늘의 뜻이다"라고 기뻐하였다. 고려 태자가 조회하러 온 것이 쿠빌라이에게는 천명天命이 자신에게 돌아온 징표로 여겨졌거나 적어도 그렇게 선전할 수 있는 근거가 된다고 믿었다. 이 만남이 계기가 되어 쿠빌라이는 고려와 사대 형식의 외교 관계를 맺기 시작하였다. 원종 원년에 원나라는 태자를 제후국의 예로 대우하고 고려 국왕에 책봉하며 역을 하사하였다.

고려가 원과 새로운 관계를 설정하게 된 것은 몽골과의 강화 협정과 그에 따른 몽골(원)에 대한 인식 전환의 결과였다. 고려는 처음 몽골의 침입을 받고 30년 전쟁을 수행하면서, 몽골을 금수보다 심한 흉악한 오랑캐이자 문명의 파괴자로 인식하였다. 이는 국토를 유린하고 백성들을 죽이는 몽골의 폭력성과 몽골에 대한 저항감과 경멸, 그들의 문화에 대한 부정적 인식과 거부의 반영이었다.

하지만 몽골과의 강화 협상이 진전되고 몽골을 중국의 새로운 지배자로 인식하면서, 고려의 전통적인 사대 관계의 상국으로 인정하였으며 몽골에 대한 상像도 달라진다. 고려 초기 이래 천자국의 기준을 중국 중원의 지배 여부 곧 형세形勢로 삼아 송·요·금처럼 중국 중원의 지배자를 천자국으로 파악하였듯이, 중국 중원을 지배한 몽골(원)을 전통적인 천자국을 잇는 정통 왕조로 파악하였다. 이는 몽골이 중국에 대한 지배 정책을 변화시키고, 한화漢化 정책을 추구하며 중국의 역대 왕조의 일원으로 참여한 것과 연관이 있다고 할 수 있다.

몽골은 처음에는 유목 국가의 방식대로 약탈적 성격이 강한 대외 원정, 정복 전쟁을 수행하였으나, 점차 정복지에 대한 직접 지배와 적극적인 관리를 목적으로 한 지배 정책으로 방향을 전환하였다. 그리하여 몽골은 중국의 제도와 문화를 통한 중국 지배, 예컨대 중국의 법으로 중국 땅을 다스린다는 한화 정책을 시행하였고 유교를 관학화하고 과거제를 실시하였다. 이에 원나라는 유교 문화로 표현된 중국의 전통문화와 자신의 문화를 동시에 존중하게 되었다.

고려는 원나라를 중국의 역대 일자一字 왕조를 계승한 천자국으로 인식하고 원나라가 추구한 한화漢化의 중국 문화를 수용하였다.

고려는 몽골(원)과의 사대 관계를 맺는 과정에서, 고려 고유의 전통문화를 보존할 것을 약속받았다. 앞서 언급했듯이 세계 제국 몽골은 정복지 국가가 지켜야 할 6사를 제시하였는데, 원종은 고려의 복식을 포함한 전통문화, 토풍를 존중해 줄 것을 요구하였고, 세조 쿠빌라이는 "의관은 본국의 풍속을 따르고 모두 바꾸지 않는다"고 하여 이 요구를 받아들였다. 그리하여 세조가 내린 복식을 포함한 고려의 풍속을 존중하라는 명령이 세조구제世祖舊制라 하여 고려와 원 관계를 규정하는 원칙으로 받아들여졌다. 고려의 풍속을 존중하는 '불개토풍不改土風'을 내용으로 하는 세조구제는 고려와 원 관계에서 포괄적인 의미로 해석되어 정치, 경제, 사회, 문화 각 분야에서 몽골풍으로의 변경을 강요받지 않고, 고려의 종묘사직, 즉 왕조 체제의 존속을 보장받는 근거가 되었다. 그리하여 세조구제는 주로 원과의 관계에서 고려 국가의 독립성과 문화의 고유성이 침해받을 때 고려의 풍속 유지, 곧 고려 문화를 존중한다는 의미로 사용하게 되었다. 충숙왕 10년(1323) 3차 입성책동 때 이제현과 원의 관리였던 왕관王觀은 세조의 유훈(세조구제)을 지켜야 한다는 명분으로 고려를 없애 원의 일부로 편입시키려는 입성론에 반대하였고, 이곡은 세조구제를 근거로 원나라의 공녀貢女 요청에 반대하였다.

고려와 원의 밀접한 관계는 몽골(원) 문화의 수용을 재촉했다. 몽골은 한화 정책으로 유교 문화를 지향하였고, 아울러 몽골 원래의 유목 문화도 견지하였다. 고려는 초기부터 전통문화의

자료12 | 원 북경 고관상대의 간의

바탕 위에 중국 한족漢族의 유교 문화를 수용하였기 때문에 이민족 오랑캐인 몽골의 문화 수용은 쉽지 않았다. 고려의 일반적인 정서에서 몽골의 문화는 탐탁치 않은, 이질적인 것이었다. 김구 등이 몽골(원)의 외교 사신으로 활동한 강윤소가 몽골 의관 차림으로 다니는 것을 비난하였던 일이나, 원에서 돌아온 태자 왕심(충렬왕)이 개체 변발에 호복胡服으로 귀국하자 나라 사람들이 탄식하였던 것은 이를 잘 보여준다. 몽골과의 강화 이후, 인공수는 원종에게 원의 풍속[元俗]에 따라 머리 모양을 고치고 옷을 바꿀 것을 권하였으나, 원종은 "고려의 토풍祖宗의 家風을 갑자기 바꿀 수 없다" 하였던 것처럼 그 변화에 대한 거부감이 표현되기도 했다.

단 원과 왕실 혼인을 맺고 원을 의식할 수밖에 없는 고려로서는 몽골(원)의 습속을 따르는 움직임이 나타나기도 하였다. 충렬왕 4년(1278) 2월에 왕은 의관개변衣冠改變의 명령을 내렸다. 즉 "충렬왕 4년에 나라 사람들은 모두 원나라의 의관衣冠을 하게 하였다. 몽골 풍속으로 정수리에서 이마까지 머리를 깎으며 그 모양을 네모지게 하고, 가운데만 머리카락을 남기는데, 이를 개체開剃라고 한다. 이때 재상으로부터 하급 관료에 이르기까지 개체를 하지 않은 이가 없었으나, 오직 학관學館에서만은 개체를 하지 않았다. 좌승지 박항이 집사관을 불러 타이르니, 학생들이 모두 개체하였다" 한다. 충렬왕 4년에는 김방경 무고 사건이 발생하고, 고려가 몽골에 무고했다는 참소가 돌게 되자 원은 충렬왕에게 입조入朝하라는 명령을 내렸다. 이에 충렬왕은 입조를 준비하고 그 과정에서 이러한 명령을 내렸다. 몽골(원)과의 친화력을 높이고 고려가 몽골을 존중하는 정치·외교적 자세를 보일 필요가 있었고, 이에 따라 조정의 관리와 학생들이 개체를 하도록 유도하였던 것이다. 그런데 같은 해 7월에 세조 쿠빌라이는 "사람들은 내가 고려의 옷을 입지 못하게 하였다고 하나 어찌 그렇겠는가?" 하여 고려의 몽골 옷 착용은 자신과 무관하다고 하였다. 결국 몽골의 풍습을 따르고자 한 것은, 원과 고려의 긴밀함을 모색한 충렬왕의 자발적인 의사로 이루어진 일이었다.

농경 문화와 그에 바탕을 둔 유교 문화를 지향하는 고려로서는 몽골의 유목 문화의 수용은 쉽지 않았다고 할 수 있다.

고려는 한족의 유교 문화를 당대 최고의 문화, 문명으로 파악하고, 중국 문화를 화풍華風의 이름 하에 수용해 왔다. 이때 몽골(원)은 두 가지 성격을 모두 가지고 있었다. 유목민으로서 몽골이 갖는 유목 문화적 특색과 농업을 근간으로 황하 중심에서 발달한 유교 문화를 견지한 한족 문화가 그것이다. 고려는 정치·외교적 수단으로 개체와 변발 등 몽골 문화를 수용하기도 하였지만, 기본적으로는 전통문화를 전제하면서 유교를 중심으로 한 중국의 문화인 화풍華風을 수용하였다. 몽골(원) 문화를 수용하더라도 몽골이 채택한 한족의 유교 문화적인 부분만을 가능한 선별하여 수용하고자 했던 것이다.

이렇게 볼 때 이 시기에 토풍土風, 國俗은 이중적인 의미로 쓰였다고 할 수 있다. 원과의 관계에서 토풍은 역사공동체 혹은 풍토에 기초한 고유한 문화를 의미하는 말로, 고려 국가의 자주성과 역사공동체를 유지하기 위해 세조구제世祖舊制에 바탕을 둔 방패막이로 내세워졌다. 대내적인 차원에서 토풍은 뒤떨어진 낡은 풍습으로 교화하고 개혁해야 할 대상으로 이해되었다. 이곡은 고려의 풍속이 재물을 가진 것을 능력이 있다고 하고 세력을 가진 것을 지혜가 있는 것인 양 여겨지는 것을 비판하면서, 정치의 핵심은 교화를 통하여 풍속을 아름답게 바꾸는 일이라고 하였다. 그는 정치가 유교 성인의 도를 현실 생활에서 실천하는 것이라고 인식하고, 이를 토대로 습속을 개혁할 것을 지향하였던 것이다.

전통문화를 의미하는 토풍土風과 중국 외래문화를 의미하는 화풍華風의 논의는 고려 전기부터 있었다. 태조의 훈요 십조에서 "고려는 중국의 문화를 수용해야 할 대세로 인정하면서 거란과 풍토와 인성이 다르기 때문에 그들의 문물에 억지로 맞출 필요가 없다"고 하였고, 최승로 또한 "중국의 선진 제도는 따르지 않을 수 없지만, 사방의 습속이 다르기 때문에 각기 고유한 것을 갖고 있으니 반드시 똑같게 할 필요는 없다"고 하였다. 그 반면 이지백은 성종 12년(993)에 거란의 1차 침입이 시작되자, 성종 원년 최승로의 상소로 폐지된 팔관회와 연등회를 다시 시행하고 화풍이 아닌 토풍에 따라 국가를 운영하게끔 제안하여 받아들여졌다. 고려는 다른 민족체와 구별되는 전통문화를 전제하면서도 당시로서는 선진적이고 보편적인 유교 문화를 수용하고자 하였다. 숙종 7년(1102) 재상 소태보 등이 올린 "국학에서 선비를 양성하는 데 경비가 실로 적지 않게 드는데, 실로 인민에게 폐가 되고, 또 중국의 법을 우리나라에 실행하기 어려우니 바라건대 이를 폐지하여 주십시오"라는 상소는 받아들여지지 않았다. 예종 2년(1107) 국왕은 학교를 설치하여 현명한 인재를 양성하는 것이 삼대 이래로 다스림을 이르는 근본이니 빨리 실행하라고 하였는데, 지식인[士類]들은 기뻐하였지만 대신들은 반대하였으므로, 당시의 여론이 이를 안타깝게 여겼다고 하였다. 인종 8년(1130)에는 "국학에서 선비를 기르는 비용이 많이 드니 행실을 잘하고 공부가 성취된 사람 약간만 남기고 나머지는 다 돌려보내라"는 어사대의 상소에 반대하여, 국학의 학생들이 대궐에 나아가 '학문을 숭상하고 인재를 기르는 것은 곧 나라를 다스리는 근본이므로 삼대로부터 선왕의 정치에는 반드시 이것을 먼저 힘썼다'며 반발하기도 하였다. 고려 중기에는 학교 진흥으로 집약된 중국의 유교 문화 수용에 찬반이 있었으나, 전통문화인 토풍에 기초를 둔 중국 문화(화풍)의 수용이 인정되고, 유교 문화가 폭넓게 고려에 들어오고 있었다.

고려 후기에는 이러한 중국 문화 수용이 원이라는 세계 제국의 개방성과 고려와의 밀접한 관계로 인해 확대되었다. 충선왕은 유교 문화 수용에 적극적이었다. 그는 원 세조가 1286년과 1291년에 내린 명령에 근거하여 복위 교서(1308)에서 유교적인 예제와 윤리를 강조하고 왕실을 포함한 지배층이 같은 성씨 사이에 혼인을 금지하도록 천명하였다. 당시 세조 쿠빌라이가 고려 왕에게 "동성이 혼인할 수 없음은 천하에 통용되는 이치[通理]인데 너희 나라는 문자를 알고 공자의 도를 행하니 응당 동성 간에는 혼인하지 말아야 한다"라고 한 바 있었다.

그리고 충선왕은 왕실 근친혼을 금하는 대신에 왕실과 혼인할 수 있는 가문들을 정하였다. 우리가 알고 있는 왕실과 혼인할 수 있는 15개의 재상 가문이 이때 선정되었다. 경주 김씨, 언양 김씨, 정안 임씨, 경원 이씨, 안산 김씨, 철원 최씨, 해주 최씨, 공암 허씨, 평강 채씨, 청주 이씨, 당성 홍씨, 황려 민씨, 횡천 조씨, 파평 윤씨, 평양 조씨 등이 그들이다. 충선왕의 복위 교서 발표 후 공민왕 대까지 왕실 족내혼은 나타나지 않았고 이 원칙은 조선 시대까지 지켜졌다. 유교 이념에 충실한 혼인제가 행해졌던 것이다.

이 밖에도 충선왕은 중국의 합리적인 제도와 국가 운영책을 바탕으로 고려의 시대에 뒤떨어진 제도와 관행을 바꾸려고 하였다. 그 개혁의 성격에 대한 평가에서 연구자마다 의견이 엇갈리지만, 사림원의 설치와 관제 개편, 양전量田과 호구 사업, 그리고 각염제榷鹽制를 통한 국가 재정의 확충, 지방 제도 개편, 직물 생산 추동 등을 행하였다.

한편 이 시기에는 원으로부터 중국의 농법이 수용되었다. 『농상집요』와 같은 중국의 농서가 수용되어 간행되었고, 시비법施肥法과 같은 농업 기술의 진전과 수리 시설의 개발, 신품종의 보급과 생산 도구의 보급[牛, 水車]이 이루어져, 내륙과 연해沿海의 저지低地의 토지가 개간되었다. 농업 생산력이 증대되는 것은 말할 필요도 없었다. 영세 토지 소유자나 몰락 농민이 농법을 개량하거나 신전을 개발함으로써 소득을 늘리고 토지 소유권자가 되었다.

또한 고려는 원나라 장양호가 편찬한 『목민충고』의 수령이 지켜야 할 다섯 가지 사항[五事]을 활용하여 우왕 원년에 이를 지방 수령守令의 인사 고과 기준으로 정하였다. 이 수령 오사는 『원사』에 기록된 1348년의 수령 오사五事에서 참고한 것이다. 창왕 원년 조준의 상소에서 "농지의 개간, 인구수의 증가, 소송의 간명함, 조세의 균등 부과, 학교의 진흥"으로 제시되었다. 고려 전기에 수령의 역할이 향리 통제에 주안점을 두었던 것에 반해 학교를 일으키고, 소송을 간명히 하는 등 유교 이념을 확대하는 방향으로 그 기준이 달라졌다고 할 수 있다.

한편 원나라는 고려의 노비제 개혁을 요구하였다. 충렬왕 26년(1300) 원의 관리가 원나라의 법제에 근거하여 노비 개혁을 요구하였다. 고리기스闊里吉思는 고려의 '일천즉천一賤則賤'을 개정하여 중국 신분법인 '일량즉량一良則良', 즉 부모 중 한쪽이 양인良人이면 그 자식도 양인이 되는 개혁을 요구하였다. 고리기스의 요구는 원법과 원제를 도입하게 하여 원 내지와 동등한 법령에 기초하여 고려의 풍습을 고치려는 것이었다. 고려 지배 질서를 유지하려는 입장에서는 노비는 토지와 더불어 국가와 지배층의 주요한 물적 기반이고 신분제를 유지하는 원천이므로 결코 받아들일 수 없는 사항이었다. 충렬왕과 최유엄을 비롯한 고려의 관료는 국속을 지키라는 세조구제의 불개토풍不改土風을 근거로 고리기스의 노비제 개혁에 반대하였다. 이에 대하여 외국의 제도를 고려에 강요한 것에 대해 고려의 전통적인 제도와 풍습을 지켜냈다는 평가가 있고, 열악한 고려의 노비제를 개혁할 기회를 상실했다는 상반된 평가가 있다.

이 무렵 서얼에 대한 인식 변화가 나타난다. 서庶는 양인 소생, 얼孼은 천인 소생을 의미하는데, 충렬왕 이후에는 얼자, 그 중에서도 어머니만 천인賤人인 사람들의 관직 진출이 나타나기 시작하였다. 강윤소와 강윤충·이정·전영도 등은 본래 노奴로서 천인 신분이었지만 국왕의 총애를 받아 고위직에 올랐고, 채홍철·채하중·최안도 등도 모母가 천인인 경우인데 과거에 합격하여 재상까지 승진하였다. 얼녀의 소생인 정도전과 권중화의 과거 합격은 널리 알려진 일이다. 넓게 보면 우왕 또한 비첩 소생인 셈이니 얼자라고 할 수 있다. 얼자의 관직 진출은 양인이나 비와 관계하여 낳은 자식을 서로 통칭하고 음서와 재산을 받을 권리를 법으로 보장한 원나라 노비법이 수용된 영향으로 볼 수도 있다. 그러나 이를 원 간섭기 신분법의 영향으로 쉽게 결론짓기에는 아직 해결되어야 할 문제들이 많다. 우선 과거 응시 자격 규정의 변화 등 당시의 제도와 관행을 알 수가 없고, 공신과 같은 특권층의 경우 천인인 자식이 관직에 진출할 때도 특혜를 받을 수 있으므로 앞서 나타난 얼자의 관직 진출 사례가 원의 법제에 따라 제도의 변화를 수반한 일반적인 현상인지 아니면 예외적인 특수한 사례인지에 대해서는 추가적인 연구가 필요하다고 한다.

당시 고려인들의 눈에 원은 비록 그 시작은 '한 칼'로 사방의 혼란을 제거하고 왕업을 일으켰으나, 이후 순임금의 정치에 따라 무기가 아닌 덕으로써 주변을 복속하였고, 월지국月支國, 천축天竺 등 먼 곳에서도 원나라에 입조하고 있었다. 오직 왜인倭人만이 입조를 하지 않고 있을 뿐, 원이 덕치로 복속한 지역은 사해四海의 안팎을 아울러서 모두가 원의 번국藩國이 되었다. 그 결과 고려인들은 모두가 원나라의 수도 연경에 갈 수 있게 되어, 중화와 변방과의 차이가 없어져 천하가 일가一家를 이루게 되었다고 보았다. 원의 통일로 원 중심의 천하 질서가 형성되고 경제적으로 풍요롭고 자신의 능력을 발휘할 수 있는 태평의 시대가 되었다고 이해하였다.

고려의 유학자들은 원 중심의 천하 질서가 완성된 것을 유교에서 말하는 『중용』의 수레바퀴의 폭이 같듯이 문물제도가 일정하고, 한자라는 문자와 삼강오륜이라는 윤리로 사회가 하나로 통일된 것으로 보았다. 일시동인一視同仁으로 대표되는 유교 전통의 세계 질서에 대한 인식을 전제로, 세계 제국 원의 성립을 통하여 천하가 통일된 것을 유교의 이상사회로 다가간 것으로 이해하였던 것이다. 김동양이 이곡에게 "지금 원나라는 드높고 휘황하다. 처음에는 무공으로 천하를 평정하였으나, 지금은 문리文理로 천하[海內]를 교화시키고 있는데, 남아가 시골 한구석에서 일 하나에 얽매어 있을 수 없는 일이니, 북쪽 중국에 가서 배울 것이다"라고 한 말은 이러한 생각을 잘 보여준다.

고려에게 몽골은 중국의 정통 왕조의 하나로서, 문명국인 원나라로 받아들여지고 있었다. 한족 중심의 유교 문화와 몽골의 유목 문화는 구분되는 것이었지만, 고려 사람들은 그 가운데 몽골이 한족 유교 문화를 수용한 부분에 주목하여 이를 따라야 할 중화 문화로 받아들이게 되었다. 즉 고려는 전통문화를 바탕으로 농업이라는 경제 분야와 유교라는 이념을 공유하는 중국의 선진 문화를 수용하였던 전통에 따라, 몽골이 갖는 두 측면인 몽골 고유문화와 한족의 유교 문화 가운데 후자를 중심으로 원의 문화를 수용하였던 것이다.

고려 후기 유교 문화가 확산되고 개혁 정치가 전개되는 과정은 이러한 모습을 분명하게 드러낸다. 이곡은 원나라에 의하여 사해[四海]가 하나가 되었다는 사실을 인정하고 원나라의 제도[通制]와 고려의 풍속[國俗]이라는 두 상반된 가치 기준에서 원의 대체[朝廷之大體]를 따르면서 고려의 풍속[本國之舊俗]을 훼손하지 않도록 하는 것을 중요한 과제로 삼았다. 충목왕 대 새로운 정치를 지향하는 국왕과 유학자들은 개혁 정치를 표방하며 '원의 복식=사치스러운 풍속+충혜왕의 유산=개혁의 대상'이라는 등식으로 몽골 문화에 이질적인 인식을 견지하고 개혁해 가려 하였다.

원의 복식 문화는 사치 금지와 이전 왕의 폐습의 정리를 통해 풍속을 바꾸려는 시대적 과제와 결부되어 개혁의 대상이 되었다.

공민왕은 충목왕의 개혁을 이어나가 나라의 새 출발[一國更始]을 표방하면서 몽골식 문화인 호복과 개체 변발을 금지하였고, 후술하는 과거제를 포함한 중국의 제도를 수용하였다. 위화도 회군 이후 조준은 원 제도의 수용을 원래 한족 문화의 수용이라는 측면에서 평가하고, 이민족 원의 제도를 개혁하여 한족漢族의 화華의 제도를 적극적으로 도입하려고 하였다. 조준은 "우리 조상의 의관과 예악은 모두 당나라 제도를 좇았는데 원나라 때는 중화의 제도를 바꾸어 오랑캐의 것을 써서 상하가 분별되지 않고 백성의 뜻이 안정되지 못하였습니다. 우리 공민왕께서 상하의 분별이 없는 것을 통탄하시고, 중화의 제도를 따라 원의 제도를 변경하여 조상의 성대함을 회복하기 위하여 명나라에 표를 올려 오랑캐의 옷을 개혁하기를 청하였는데, 얼마 안 되어 세상을 떠났습니다. 그후 상왕은 그 뜻을 잇고, 중화의 제도를 따라 온 나라 사람들과 밝게 새 출발하게 되었습니다"라고 하였다. 몽골족 원나라가 중화의 제도를 변경하였던 것을 개혁하여 원래의 중화의 제도를 회복할 것을 제안하였던 것이다. 이는 명나라와 원나라, 중화華와 이민족夷을 명확하게 구분하는 가운데 한족漢族에 입각한 중화의 문물제도를 수용하자는 주장이었다.

말하자면 고려는 원나라를 통하여 중국의 한족 문화, 곧 화풍華風, 화제華制를 수용하려고 하였다. 고려 전기에 전통문화인 토풍土風에 기반한 선택적인 중화 문화를 수용하였다면, 이때에 와서는 몽골(원)을 통하여 중국 문화의 보편성과 선진성을 확인하는 가운데 유목 문화와 한족 문화를 구분하여 한족 유교 문화를 수용하고, 전면적인 유교화를 통한 문명 전환을 도모하게 되었다.

2

성리학의 실천 윤리와
서적 도입을 통한 신지식 수용

고려는 원으로부터 성리학을 비롯한 선진 문물제도를 받아들였고 유교 사회를 지향하였다. 몽골(원)은 한화 정책을 추진하여 성리학을 관학으로 삼고, 과거제를 실시하였다. 고려는 이러한 원의 관학 성리학과 원의 과거제를 수용하였다. 고려의 지식인들은 원 학교인 국자감에 입학하거나 원 과거제인 제과制科에 응시하여 성리학의 핵심 경전인 『사서집주四書集註』를 익혔고, 충선왕이 만든 만권당萬卷堂에서 원 성리학자와 교류하며 성리학 이해의 폭을 넓혔다. 그리고 국내에서도 원의 과거제를 참고하여 과거제를 개편하면서 육경사서六經四書를 시험 과목으로 정하였다. 공민왕 16년(1367)에는 국립 교육 기관인 성균관에 오경사서재五經四書齋를 만들어 성리학을 학습하고 연구하였다. 고려와 원나라 간의 긴밀한 관계를 활용하여, 고려 국가가 주도하여 외래 사상인 성리학을 수용했다고 할 수 있다.

이때 고려의 성리학 수용에 대한 두 가지 연구 경향이 있다. 하나는 고려의 성리학 수용이 원나라의 중국, 나아가 동아시아 지배 전략의 일환으로 이루어졌다는 것이다. 원나라의 한화 정책과 성리학의 국교화, 그리고 그를 통한 원 천자·제후의 명분 질서를 확고히 하려는 정책 방향에서 명분을 중시하는 성리학을 고려에 전래했다는 것이다. 이러한 주장은 성리학 수용에 있어 부마국이고 제후국인 고려는 선택의 여지가 없었다는 해석을 전제로 한다. 안향이나 이색은 정동행성의 유학제거사로서, 최문도와 박전지 등은 숙위(宿衛)라는 형태의 인질로 원에 가서 성리학을 수용했던 것이 그 근거로 거론된다. 이 주장을 뒷받침하는 또 다른 정황으로, 외래 사상인 성리학이, 불교나 천주교 수용처럼 순교자가 없이 받아들여진 것 또한 이 시기 성리학 수용이 천자국인 원나라의 주도로 이루어졌기 때문이라는 것이다. 말하자면 원나라는 고려와 천자·제후라는 상하 위계로 하는 원 중심의 동아시아 질서를 정당화하고자 하였고, 이를 위해서 성리학을 고려에 전래하였다는 것이다.

반면에 다른 하나는 외래 사상, 지식의 수용은 고려의 현실적 필요에 따라 주체적으로 이루어질 수밖에 없다는 것이다. 아무리 훌륭하고 아름다운 것이라도 받는 쪽이 필요하지 않다면 받아들이지 않는다는 것이다. 고려는 무신 집권 이래 취약한 왕권을 강화하기 위하여 원과 천자·제후 관계를 확고히 하고자 하였다. 무신 집권기에 최충헌은 4명의 국왕을 폐위하고 4명의 국왕을 옹립하였는데, 이는 고려 국왕의 위상 추락과 권위의 손상을 의미하는 것이었다. 왕권의 회복, 강화가 절실하였던 고려는 원나라에 의지하여 제후국으로서의 위상을 확고히 하고자 하였다는 것이다. 원종이 세조 쿠빌라이에게 원 공주와 고려 왕자의 혼인을 청하여 왕실 혼인이 성립되게 하고, 충선왕이 원 과거 시험에 응시하도록 응거시應擧試를 만들었으며 연경(북경)에 만권당을 설치하여 성리학을 수용하였던 것 또한 그 일환으로 파악된다. 천자국 원나라와 제후국 고려가 유교의 명분론으로 천자·제후의 위계질서를 강화하면 고려 국가와 왕실의 위상을 정립하고 권신 등에 의해 좌우되거나 흔들리지 않는 권위를 가질 수 있었다. 말하자면 고려는 국가 곧 왕실 입장에서, 원 관학 성리학에서 지향하는 명분론과 실천 윤리를 받아들여 국내외의 왕실의 위상, 왕권의 회복을 추구하였다는 것이다.

한편 이 시기에 원으로부터 수용된 성리학은 실천 윤리적 성격이 강한 것이 특징이라고 한다. 이곡은 오륜을 성인의 말로 명시하여 삼별초 난 때 삼종지의三從之義를 지킨 절부節婦 조씨의 행실을 칭송하였다. 형제 20여 명이 의재義財라는 기금을 마련하여 서로 돕는 것을 칭찬하면서 형제와 붕우는 본말 관계임에도 불구하고 세상 사람들이 형제보다 붕우를 좋아하는 것은 세리勢利

자료13 | 원 북경의 국자감

때문이라고 비판하기도 하였다. 이는 이곡이 삼강오륜 중에서 부자·부부·형제 등 가정 윤리를 매우 중요시하고 있음을 보여 준다.

또한 이 시기에는 왕조 국가의 군신 윤리, 신하의 도리가 강조되었다. 원의 간섭에 의한 국가의 위기, 국왕의 권위 실추에 대하여 바른 말과 실천으로 국왕을 보필하는 것이 중요하였다. 원나라가 충혜왕의 황음무도함을 문제 삼아 충혜왕을 압송하고 게양현(광동성)으로 유배보냈는데, 권한공은 "왕이 무도하여 황제에게 죄를 받은 것인데 어찌 구원할 수 있는가?" 하였지만, 김영돈은 "왕이 욕을 당하였을 때 그 신하가 죽음으로 그를 구원하는 것이 마땅하다"고 하였고, 이제현은 "나는 내가 왕의 자식이라는 것을 알 뿐이다"라고 하였다. 이는 충혜왕에 대한 신하로서의 충성을 강조한 것으로, 원 천자의 배신이라는 의리보다 고려 국왕의 신하라는 의리를 우선한 것이라고 할 수 있다. 당시 유학자들은 국가를 수호하고 역사와 문화를 존중해야 한다는 점에서는 모두가 공통된 입장이었다. 이들은 성리학에서 말하는 오륜을 천리天理로서 규정하고 인간이 당연히 지켜야 할 도리로 내세워, 군에 대해서는 신, 부에 대해서는 자, 천자에 대해서는 제후로서 주어진 직분과 분수에 충실하는 것을 자연의 이치로 말하였다. 윤리적 실천을 강조하고 효와 충으로 대표되는 유교적 규범의 우위를 확보하게 함은 물론 국가와 역사공동체에 대한 책임 의식을 강조하였던 것이다.

이 시기는 성리학의 초기 수용 단계로, 조선 시대에 유행한 이기理氣, 심성心性, 태극太極을 통한 세계와 인간에 대한 철학적 논의는 보이지 않는다. 다만 유교를 정통正統, 정학正學으로 보고, 유교가 아닌 불교와 도교 등은 이단異端으로 파악하여 학문으로서의 유교의 정체성을 제시한 것에 한정된다고 할 수 있다. 널리 알려져 있듯이 성리학은 이기·인성설을 근간으로 하여 우주와 인간을 통일적·완결적으로 설명하는 철학 사상으로 체계화했다는 점에서 단순히 사회·정치론, 수양론의 수준에 머물렀던 종래의 유교와 차원을 달리하였다. 성리학은 유교 본래의 문제의식, 곧 중국 춘추 전국 시대 사유와 세습을 기반하고 양육강식의 논리가 횡행하며 법술法術을 위주로 정치를 행하였을 때 발생하는 쟁탈성을 해소해가는 방법으로써 인륜에 대한 성찰과 제도화를 꾀하는 과정에서 탄생하였다. 고려 후기에 수용된 성리학은 유교 발생 당초에 사유와 세습 등에서 야기된 쟁탈을 해결하기 위한 유교 본래의 문제의식에 충실하여 실천 윤리를 강조하고, 국가 운영의 원리나 관료의 윤리와 교화의 확산을 위한 모색으로 이어졌다고 한다.

그리하여 성리학은 여말선초의 개혁 정치 과정이나 조선 건국의 체제 정비 과정에서 활용되었다. 원은 여러 방법으로 고려의 정치에 간섭하였는데, 고려는 세계 제국의 선진 문화를 접하여 자신의 학문 세계, 의식 세계를 넓힐 수 있는 길을 열어가고 있었다. 수준 높은 지식인을 만나고 새로운 문물제도·사상 조류를 수용하여 고려 사회를 유교의 이상 사회, 문치, 문명사회로 열어가는 길을, 열어가는 계기를 마련했다고 하겠다.

고려가 목표로 하는 유교 문명사회로의 전환에 지식 정보의 확보가 필요했고, 선진 유교 문화의 핵심이 담긴 서책의 보급이 그 기초가 되었다. 충숙왕 원년(1314)에 충숙왕은 권부·이진·조간·안우기 등과 함께 성균관에서 새로 구입한 서적을 자세히 살펴 점검하고 성균관 유생들의 시험을 경학으로 운영하여 학업을 권장하였다. 충숙왕은 중국 강남에서 1만 권의 서적을 구입하고 송 비각 소장의 서적을 얻도록 함으로써 서적을 통한 새로운 문물제도를 도입할 기반을 마련하였다. 많은 서적을 읽고 지식과 식견을 넓히며 지적 분위기를 고조시켰으며 유교의 문치 사회의 기반을 마련하였던 것이다. 원 관료인 이곡은 동료인 소천작의 자계서당滋溪書堂을 주재로 소씨 집안 5대에 걸쳐 서책을 모아 만권을 소장하였다고 하였고, 원 유학생인 이색은 장자莊子의 친구 혜시惠施의 서책이 다섯 수레나 되었다는 말을 자주 언급하면서 서오거書五車를 읽을 것을 항상 생각했다. 지식층으로서 많은 서책을 갖는 것을 부러워하고 스스로 서책을 구입하고 독서하며 지식을 넓히고 사회를 풍부하게 설명하며 합리적인 사회를 모색하였음을 여기서 확인할 수 있다.

원나라로부터 들어온 서적 가운데 주목되는 것은 유교 서적이었다. 원과 고려의 긴밀한 관계 속에서, 원의 관학화된 성리학을 기초로 한 공적인 학교와 과거제에서 교재로 쓰는 서적이 도입되었다. 이색과 민선은 원의 국자감에서 주희가 주석한 사서오경을 중심으로 유교 경전을 학습했다. 1313년부터 원 제과에 응시하는 고려인 응시자 역시 과거의 시험 과목인 주희가 주석한 사서오경을 학습했다. 고려에서는 이를 모방하여 충목왕 즉위년(1344)에 바뀐 '육경의六經義, 사서의四書疑'를 시험 과목으로 정하였다. 공민왕 16년에 성균관이 다시 지어져[重營] 사서오경

자료14 | 고려와 조선에 도입된 대표적인 원(1260~1352)의 간행 서적

번호	분류	책 이름	저자	간행 시기	전거 자료
1	유학	『사서통(四書通)』	호병문(胡炳文)	1326년	『고려사』 정몽주전
2		『예기집설(禮記集說)』	진호(陳澔)	1322년	『도은집』 권5, 진중간진호집설예기전(進重刊陳澔集說禮記箋, 공양왕 2년)
3		『효경(成齋孝經, 直解孝經)』	관운석(貫雲石)	1308년	『세종실록』 권20, 5년 6월 임신 『세종실록』 권47, 12년 4월 무오
4		『효경대의』	동정(董鼎) 편	1305년	『서애집』 발(跋) 선조 22년
5		『대학직해(魯齋大學)』	허형(許衡)		『세종실록』 권33, 8년 8월 정축 『세종실록』 권47, 12년 3월 무오
6		『주자성서(朱子成書)』	황서절(黃瑞節)	1341년	『태종실록』 권3, 3년 10월 신미
7	사서	『십팔사략(十八史略)』	증선지(曾先之)	1297년	『태종실록』 권6, 3년 9월 을유
8	교화	『정속(正俗)』	일암왕(逸菴王)		『세종실록』 권22, 5년 12월 갑술
9	목민	『목민충고(牧民忠告)』	장양호(張養浩)	1338년	공민왕 17년(진양) 태조 7년(밀양)
10		『이학지남(吏學指南)』	장원서(徐元瑞)	1301년	『세종실록』 권22, 5년 10월 경술
11	법률	『경세대전(經世大典)』		1331년	『익재집』
12		『대원통제(大元通制)』		1323년	『세종실록』 권47, 12년 3월 무오
13		『지정조격(至正條格)』		1346년	『고려사』 형법지(우왕 3년 2월) 『세종실록』 권22, 5년 10월 경술 『세종실록』 권47, 12년 3월 무오
14		『무원록(無冤錄)』	왕여(王與)	1308년	『신주무원록』 세종 29년 경주간행
15	과거 문장	『신간류편역거삼장문선대책(新刊類編歷擧三場文選對策)』	류인초(劉仁初) 편	1341년	고려본 : 1341~1370년경 간행 조선본 : 1403~1420년경 간행
16		『성원명현파방속집(聖元名賢播芳續集)』			공민왕 22년(국립중앙도서관)

17	운서	『운부군옥(韻府群玉)』	음유우(陰幼遇)		『경재유고(敬齋遺稿)』 발(跋)
18	농서	『농상집요』	맹기(孟祺)	1286년	『목은집』문고 권9, 농상집요후서 (공민왕 21년) 『태종실록』권28, 14년 12월 을해
19	기타	『문헌통고』	마단림(馬端臨)	1322년	『목은집』문고 권7, 전등록서
20		『성교광피도(聲敎廣被圖)』	이택민(李澤民)		『역대제왕혼일강리도(歷代帝王混一疆理圖)』(태종 2년)

제가 만들어지고 성리학을 통한 세계와 인간, 사회에 대한 지적 이해를 높였다.

특히 고려에서는 성리학의 핵심 경전인 『사서집주』를 선진 학문으로 이해하고 학습하며 확산하고자 하였다. 『대학』·『논어』·『맹자』·『중용』과 관련된 선대 유학자(先儒)의 주를 모은 『사서집주』는 성리학의 핵심 가르침인 이기심성理氣心性·도통道統·위학지법爲學之法을 나타낸다. 주희는 『대학』을 통해서 자신의 몸을 닦고 세상을 다스리는(修己治人) 학문으로서 유교의 골격(규모)을 정하고, 『논어』를 통하여 공자와 그의 제자들이 『대학』의 도를 어떻게 실천했는지 이해하며, 『맹자』를 통해서 공자의 가르침의 발전 과정을 알고, 『중용』을 통해서 인간의 도를 하늘의 도와 연결시켜 인간의 도덕적 실천의 근거를 체득하도록 하였다. 이색은 우왕 5년 5월부터 8월까지 4개월 동안 11번에 걸쳐 서연에서 우왕에게 『논어』 태백편을 강의하였는데, 성리학의 군주관에 입각해서 군주가 성인이 되도록 권하는 '군주성학君主聖學'을 강조하면서 군자를 관리로 등용하라고 하였다.

당시의 사서 이해에서는 호병문(1250~1333)의 『사서통』 또한 주목받았다. 고려 말 정몽주의 말이 매끄럽고 두드러졌고 다른 사람들의 생각을 뛰어넘는 것이었으므로 듣는 사람들이 의심스러웠는데, 뒤에 호병문胡炳文의 『사서통』을 얻은 후에 꼭 들어맞았으므로 여러 유학자들이 더욱 탄복하였다는 이야기가 전한다. 이색은 "정몽주가 이학理學을 논하는 것은 횡설수설하는 것도 이치에 맞지 않은 것이 없다"라고 하면서, 우리나라 이학理學의 조祖라고 높이 평가하기도 하였다. 『사서통』은 기존의 『사서』 주석서들이 잘못된 것이 많고 번쇄할 뿐 아니라 주희의 사서 이해에 미진한 부분이 많다고 비판하며 편찬한 책이었다. 주희의 설에 근거해 보완한 내용을 담았는데, 호병문의 설 또한 조선 학계의 논의의 중심에 서기도 했다. 고려 말 『사서통』에 대한 관심은 당시 사서에 대한 이해와 연구가 활발하게 진행되었음을 보여준다.

유교 경전 가운데 오경五經은 조선적 현실에 맞게 해석해야 하는 탐구의 대상이었다. 원리, 원칙이 담긴 성인의 말씀을 이해하고 수기, 수양의 이론적 토대를 마련하며 유교의 이념에 맞는 사회적 활동을 행하기 위함이었다. 권근은 스승인 이색의 권유로 『오경천견록』을 저술하였다. 권근에 따르면 이색이 "육경六經이 모두 진나라 때 불탔는데, 『예경』이 더욱 심하게 흩어졌다. 한나라 때 나머지를 수습하여 선후를 기록하였는데, 그 글이 뒤섞여 혼란하고 질서가 없었다. 선유가 『대학』 한 책을 밝혀내어 구절의 차례를 연구하여 정하였으나, 그 나머지는 손대지 못하였는데, 내가 부분을 나누어 분류해 모아 따로 한 책을 만들고자 하였으나, 이루지 못하였으니 그대가 그것에 힘써라"며 권유하였다고 한다. 이를 통해 스승 이색의 단계에서부터 이루어진 오경에 대한 연구를 제자 권근이 이어 수행하였던 것을 확인할 수 있다.

『오경천견록』의 핵심은 『예기천견록』에 나타나는데, 『예기천견록』은 원나라 유교의 영향을 크게 받은 산물이었다. 『예기천견록』은 권근이 『예기집설』을 저본으로 삼아 주희의 도학적 측면을 강하게 드러내며 정리한 책이다. 『예기집설』은 원나라 유학자 진호(1260~1341)가 주희-황간-요로-진대유로 이어지는 성리학 계보에 입각해 도학의 의리적 측면에서 『예기』를 주석한 책이다. 『예기집설』은 진호陳澔가 1322년에 49편 16권으로 초간하였는데, 고려에서는 공양왕 3년(1391)에 경상도 상주목에서 복각覆刻하여 간행하였다. 권근은 『오경천견록』의 저술 과정에서 오징吳澄, 1249~1333의 『주역찬언周易纂言』을 참고하되 오징의 설이 주희가 밝히지 못한 것을 밝혀낸 부분은 인정하지만, 도가·불교에 빠진 폐단을 벗어나지 못하고 있다고 하였다. 권근은 조선 건국 후 성리학 정치이념에 주희의 도학적 입장을 보다 철저히 하였다.

3

원 유학파 이색의 성리학적 개혁과 창왕 입조(入朝) 실현 노력

이색(1328~1396)은 고려와 원 두 나라에서 과거에 합격하고 관료로 활약한 이곡의 아들로 태어났다. 이색의 집안은 한산에서 대대로 호장직을 이어왔고, 조부인 이자성은 한산 군리群吏였다. 부친인 이곡이 원 제과에 합격하여 중서차감창(종 5품)이 되고 다시 고려에서 첨의찬성사(정 2품)를 역임하면서, 한산 이씨는 이곡 대부터 명문 가문으로 성장하였다. 이색은 1341년에 안동 권씨 권중달의 딸인 권한공의 손녀와 혼인하였다. 당시 혼인은 중매를 통해 가문 간에 이루어졌는데, 이색의 경우도 명문가인 안동 권씨와 신흥 가문인 한산 이씨 사이에 혼인이 성사된 것이었다.

충목왕 4년(1348) 원에서 5품 이상인 이곡의 자제에게 주어지는 국자감 입학이 허용되어, 이색은 원 국자감 생원으로 1350년

1월까지 약 3년간 머물렀다. 그리고 이색은 공민왕 2년(1353) 5월 고려의 과거 시험에 장원 급제하고 공민왕 3년(1354) 3월 원 제과에 합격하여 응봉한림문자應奉翰林文字라는 문한직文翰職에 임명되었다. 고려인으로 원 제과에 합격한 인물들은 대체로 성적이 좋지 않아 지방 행성行省이나 그 예하의 지방관에 임명되었으나, 이곡·이색 부자는 능력을 인정받아 문한관을 맡았던 것이다. 이색은 공민왕 4년(1355) 8월에 원의 관직을 받다가 그만두고, 공민왕 5년(1356) 1월 고려로 귀국하였다. 고려의 연로한 어머니를 봉양함과 동시에, 무엇보다도 원이 어지러워질 것을 알고 귀국한 것으로 이해된다.

원 생활을 통하여 이색은 세계 제국인 원의 선진 문화를 접하여 자신의 학문 세계, 의식 세계를 넓힐 수 있는 길을 열어가고 있었다. 당대 최고의 학자들을 만나고 새로운 문물제도·사상 조류를 알게 되었다. 이색은 원의 국자감에서는 성리학자인 우문공량宇文公諒, 성준成遵 등, 원 제과에서는 시관인 구양현과 왕사성·두병이, 같은 합격자들 사이에서는 장원이었던 우계지牛繼志나 증견曾堅 등 당대 원나라의 학술을 이끌었던 인물들과 교류하였다. 특히 구양현(1274~1358)은 원나라의 실록과 『경세대전』 및 『요사』·『금사』·『송사』를 찬수하는 데 실질적인 책임을 맡고 있었고, 원 과거 시험을 주관하여 고려인을 비롯한 당시 유학자에게 큰 영향을 주었다. 그는 특히 이색을 가르칠 만하다고 칭

자료15 | 이색의 과거 시험 답안지(『동인책선』)

찬하면서 자신의 학통을 전해줄 인물로 평가하였다. 이색은 원 유학 생활을 통하여 당대 최고의 성리학을 익혔다. 그는 고려와 원 대의 다양한 학문 추이 속에서 유교를 정학, 정론으로 파악하고, 유교의 도의 전수를 의미하는 도통道統을 주장했는데, 성인의 도가 요·순을 거쳐 주나라의 공자·맹자, 송의 주렴계와 정이천을 거쳐 원의 허형에게 이어졌다고 하였다. 이는 허형을 중심으로 하는 원 관학을 충실히 익혔음을 보여주는 사례이다.

이색은 유교적 소양을 바탕으로 공민왕의 개혁 정치에 참여하였다. 공민왕은 원에 의한 부당한 간섭을 시정하고 국왕을 중심으로 한 지배 질서를 확고히 다지려고 하였다. 이색은 공민왕 원년(1352) 25세 때 아버지 이곡의 삼년상을 치르는 중 복중상서服中上書를 올렸는데, 토지 제도와 국방, 학제와 과거제, 불교 등에 관한 내용이었다. 특히 유교의 수기치인修己治人에 근거하여 수양에 기반을 둔 치인治人을 관료의 요건으로 제시하였다. 그는 당시 지식인들은 문장과 시구를 다듬는 데 지나치게 마음을 써 성의·정심의 도를 알지 못한다고 지적하였다. 그는 문장을 꾸미고 다듬는 데 힘쓰는 선비와 대비되는 '경명행수지사經明行修之士' 곧 인륜 도덕에 밝아 현실을 책임지는 의리의 선비를 지향함으로써, 유교 교양을 쌓아 군자가 되고 그것을 기반으로 당면한 사회 문제를 해결할 것을 기약하였다.

공민왕 5년(1356)에는 당시 정치에 관한 8가지 상소를 올렸는데 그 가운데 하나가 정방의 혁파였다. 정방은 무신 집권기에 만들어진 사적인 인사 행정 기구로, 권세가의 측근을 등용하는 데 이용되었다. 공민왕은 정방 혁파와 능력 중심의 인재 등용을 역설한 이색의 주장을 받아들이고, 고려의 문물제도가 정비된 시기인 문종 대의 제도를 복구하여 왕조를 재건하려고 하였다. 이색은 공민왕 6년(1357) 삼년상을 시행하도록 청하였고, 공민왕 18년(1369)에는 공민왕 8년(1359)과 10년(1361) 홍건적의 침입으로 무너진 예제를 복구하도록 하였다. 그는 성리학을 통하여 제도를 개혁하고 예제를 바로잡아 시대 변화에 조응하는 정책을 제기하고 있었던 것이다.

공민왕 12년(1363) 이색은 정동행중서성 유학제거가 되었다. 원나라는 지방을 지배하는 관청인 행성을 설치하였는데, 고려에 정동행성을 설치하였다. 정동행성은 처음 일본 원정을 위한 기관으로 만들어졌고, 그 후에 고려의 정치를 관장하는 기구로 개편되었다. 정동행성은 원의 부속 기관으로서 그 관원은 처음에는 원나라 사람이 임명되다가 점차 고려인이 임명되었다. 정동행성 관원으로 주목받는 것은 유학제거사이다. 행성의 유학제거사는 글을 읽는 선비에 대한 우대와 함께 유학자 집단을 총괄하는데, 원나라는 고려에 설치된 정동행성에 유학제거사를 두고(1289) 안향을 유학제거로 임명하여 학교·교육·출판의 행정을 담당하도록 하였다. 이는 요양(1313)·사천(1313)·운남(1314)·감숙(1314) 등 원나라의 다른 내지에 행성을 만든 것보다 20여 년이나 빠른 것이었다. 고려에 설치된 정동행성은 원나라 한인漢人 지식인 관리를 접촉하고 원의 문물제도를 수용하는 중요한 통로였다. 이색은 원 국자감에 유학하여 관직 생활을 하며 무엇보다도 높은 수준의 유학자로서 알려져 정동행성의 유학제거를 맡을 수 있었다.

공민왕 14년(1365)에 신돈이 집권하자, 유교가 진흥하고 성균관이 성리학 학습과 연구 공간으로 자리 잡았으며 과거제가 정비되었다. 이색은 공민왕 16년(1367)에 성균관 대사성이 되어 학문 연구, 성리학 교육에 진력하였다. 정몽주·김구용·박상충·박의중·이숭인 등과 함께 성리학의 세계와 인간, 사회에 대한 강의와 연구를 통하여 당대 학술을 주도하였다. 당시 임박은 과거제를 정비하면서 원나라의 과거제를 본받자고 하였고, 시험 때 응시자의 신체를 검사하여 소지품을 조사하고 신분을 확인한 뒤에 고시장에 입장시키는 수검통고지법搜檢通考之法을 시행하였다. 원나라의 과거에 합격한 바 있는 이색도 이에 찬성하였다. 공민왕 14년(1365)에 이인복과 시관(지공거)이 되어 원나라의 제도에 따라 응시자들이 시험장에 책을 가지고 들어가는 것을 금지하고, 답안지를 바꾸어 써 내는 것을 막자고 하였다. 공공민왕 20년(1371)에는 25세 미만에게 과거에 응시할 자격을 부여하지 않게 하였다. 우왕 12년(1386)에는 시관이 되어 책문策問을 시험 과목으로 다시 제시하고, 20살 미만은 과거에 응시하지 못하게 하였다. 이색은 시관으로서 공의와 도의에 의하여 과거제, 나아가 관료제가 운영되기를 바랬다.

이색은 4번의 시관과 1번의 독권관을 역임하여 많은 문생을 길러냈다. 공민왕 14년 28명, 공민왕 18년 33명, 공민왕 20년 31명, 우왕 12년 33명, 그리고 공민왕 17년 친시 7명 등이다. 과거 시험에 125명의 문생, 독권관으로 7명을 합격시킨 셈이다. 이들은 장차 여말선초 학술을 주도하는 인물로 성장한다. 이들은 고려 말에는 개혁 정치에 나서고, 왕조 개창을 둘러싸고 찬반이 엇갈려 개국 공신이 되고 혹은 형벌을 받지만, 결국 모두 새로운 왕조에 참여하여 학술과 문물제도를 정비하는 데 기여하였다. 이들 가운데 권근 등은 이색의 학문과 문장을 계승하여 발전시켰고, 그들의 학문은 다시 조선 시대의 김반·김종리·김일자 등과 같은 후학에게 전수되었다.

이색은 공민왕 20년에 어머니가 돌아가시자 삼년상을 치르고, 병이 들어 관직을 맡지 않은 채 7~8년간을 두문불출하였다. 우왕 원년에 정몽주·정도전 등 성리학자들이 북원 사신의 영접에 반대하였던 사건이 있었는데 이색은 이에 대하여 의사 표시를 하지 않았다. 우왕 3년(1377) 초에 "선광宣光 홍무洪武 두 용이 나니 외국의 외로운 신하孤臣 두 줄기 눈물 흘리네"라고 하여, 선광宣光이라는 북원의 연호와 홍무洪武라는 명의 연호 사이에서 외국의 외로운 신하로 눈물짓고 있는 자신의 모습을 노래했다. 동아시아의 국제 정세 속에서 명이 중원의 지배자임을 분명히 알고 있었지만 심정적으로는 받아들이기 어려웠던 것이다. 아버지 이곡과 같이 원 시절에 문장으로 이름을 날리고 가문을 드높였던 이색으로서는 반원에 상당한 심리적 부담을 느꼈다.

이색은 공민왕과 우왕 대를 거쳐 고려 국가의 대표적인 문장가로 왕명이나 외교 문서의 문장을 책임졌다. 공민왕 17년 명이 건국을 알려오자, 공민왕은 중원 지배를 축하하는 표문을 이색에게 작성하게 하였는데, 여기에서 이색은 명이 중국의 정통을 회복하고 중화의 문명을 열었다고 칭송하였다. 이색은 공민왕 15년 원 황제에게 충렬왕과 충선왕의 이름을 고친 사례를 들어 공민왕의 이름을 기祺에서 전顓으로 고치도록 요청하는 글을 지었다. 우왕 대 이색의 정치 참여는 제한적이었지만, 우왕 5년(1379) 5월에 홍중선의 뒤를 이어 우왕의 사부가 되고 12년까지 그 지위를 유지하였다. 우왕 10년(1384) 명 황제가 장부와 주탁을 보냈는데 장부 등이 국경에 도착하여 이색의 안부를 묻자, 우왕은 이색을 판삼사사로 임명해 명 황제의 조칙을 받게 하였다. 우왕 3년(1377) 왕명으로 「광통보제선사비문」을 찬하였고, 우왕 3년 11월 역시 왕명으로 당 태종 「백자비百字碑」를 주석하였다. 우왕 6년(1380)에는 성균관에 「반궁수조비문泮宮修造碑文」을 지으라는 명을 받아, '공민왕의 성덕으로 학교를 일으키고 인재를 양성하는 뜻을 잇는 것'이라는 내용의 비문을 작성하였다.

뿐만 아니라 이색은 우왕 대 외교 문서를 직접 작성하지는 않았지만, 조력자가 되었다. 우왕 4년(1378) 우성랑이 표문의 권두提頭에 권점圈點을 찍어 달라고 청하였고, 당시 외교 문서를 작성하던 이숭인은 필요할 때마다 이색에게 글을 윤색해 달라는 부탁을 하였다. 우왕 5년 이숭인과 권근은 북방에 보낼 표장表章을 지은 뒤 이색에게 윤색해 줄 것을 청하였으며, 우왕 6년 6월에 외교 문서를 담당하는 감진색監進色은 명에 보낼 문서를 작성하는 회의에 참석해줄 것을 요청하였다. 우왕 8년(1382)에 명이 운남을 평정한 것을 축하하는 표문을 지을 때 이색에게 자문을 구하였고, 이해 11월에 감진색의 관원이 이색에게 사대 문자를 의논하거나, 서정언徐正言이 표문의 제두提頭와 권점圈點을 이색에게 부탁하기도 하였다. 여기에서 제두는 공식 문서인 주문奏文 가운데 존칭이나 명호名號나 공손히 스스로를 낮추는[恭惟] 말이 나올 때마다 존경하는 표시로 줄을 바꿔서 쓰는 것을 말하고, 권점은 글 가운데 잘된 곳이나 내용상 중요한 곳을 표시하기 위하여 찍는 둥근 점을 말한다. 이색은 실직을 얻지 못했지만 우왕의 사부나 외교 문서 혹은 기타 문장을 짓는 일로 국가를 위해 봉사하였다.

공민왕 16년 성균관에서 성리학을 연구한 이색을 중심으로, 이숭인·정몽주·김구용·정도전 등은 성리학의 세계관과 인간관을 탐구하고 성리학에서 제시하는 정치·사회 이론을 고려 사회에 활용할 수 있는지를 타진하였다. 이 과정에서 사대부 상호 간에 성리학을 매개로 한 경세의식과 동류의식을 형성하고 성리학의 정치·사회적 이념에 기초한 개혁을 추구할 지적인 토대를 마련하였다.

이들은 북원 사신 영접에 모두 반대하였는데, 그 결과 유배 생활을 하였다. 유배 생활 과정에서 성리학적 이상과 현실의 괴리를 목도하고 개혁 의지를 다졌고, 이인임·임견미 등 권세가의 탐학과 비리에 대한 개혁 의식을 북돋았다. 이후 이들은 유교적 이상 사회를 지향하면서도 자신이 처한 상황과 현실 인식, 성리학의 이해 내용 그리고 개혁 정치의 목표·방법에서 의견 차이를 보였다. 성리학자들 내부에서 공민왕 대의 개혁 정치처럼 주어진 제도권 안에서 합리적인 정치 운영을 모색하는 흐름과, 현실 변화를 보다 심각하게 인식하고 체제 변혁까지 고려하는 흐름이 등장하게 되었다. 전자는 이숭인과 권근처럼 성리학의 인성人性을 중시하는 사고로, 현존하는 제도는 선왕부터 내려온 제도로 존중하고, 그것을 운영하는 관리의 자질을 중시하여 사회모순을 타개하려는 흐름이라고 할 수 있다. 후자는 정도전·조준·윤소종처럼 성리학이 추구하는 이상 사회를 실현하기 위하여 인간을 둘러싼 환경, 사회 구조 등 고려 사회 총체적인 구조에 대한 변화를 모색하는 흐름이라고 할 수 있다. 이처럼 체제를 유지하는 시각에서 성리학을 활용했던 입장과 체제를 변혁하는 시각에서 성리학을 활용했던 입장이 양립하게 되었다.

전자에 속하는 이색 등은 실천 윤리 중심의 성리학을 받아들이면서 수양법인 경을 중시하는 성리학을 전개했다. 이색은 초기 성리학자인 안향·백이정·이제현·이곡을 잇는 계보에 속하면서 성리학의 윤리 도덕론을 중시한 것이다. 그는 성리학의 인간론과 수양론에 충실하고, 천리인욕설天理人慾說과 경법敬法을 통하여 도덕 수양을 강조하고 군자와 성인을 지향하는 수양 방법을 제시하였다. 성리학의 인간론은 사람의 성품[人性]을 본연의 성과 기질의 성으로 나누고, 본연의 성은 원래 선한 것이었으나 기질氣質과 물욕物慾에 의해 이것이 가려진다고 본다. 이색은 천리天理를 보존하고 기질과 물욕의 사사로움을 제거하라고 하였다. 또한 이색은 수양 방법으로 경敬을 제시하였다. 학문하는 자는 물론 정치하는 자, 부부 간이나 들이나 조정과 마을 집의 구석진 곳에서도 경이 가장 기초적인 덕목이라고 하였다. 이때 경은 인간의 도덕적 본성과 인간의 주체적 행위를 강조하는 것이다. 경은 도심道心 혹은 천리天理를 체득하는 실천 원리이고, 도덕적 완성을 위한 방법론이다. 그러므로 경을 중시했다는 것은 인간의 도덕적 본성을 자각하고 그 본성을 깨닫기 위하여 무엇보다도 수양·수신에 주력했음을 보여주는 것이다. 그리고 이는 교화의 실현, 사회 질서의 핵심은 본성의 함양, 인성 교육이라는 사람의 수양 여하에 달려 있다고 본 것이다.

이색은 백성의 떠돌아다니는 유망의 원인을 항심恒心이라는 인간의 도덕적 본성의 상실에 있다고 본다. 항산恒産이라는 물질적·사회적인 측면보다는 항심이라는 정신적·개인적 측면을 중시하고, 백성의 동요와 사회 불안을 인간 개개인의 인성 문제·윤리 문제로 파악하려는 것이다. 이는 성리학이 갖는 본원적 문제의식에 따라 윤리 도덕의 확립에 주력하고 교육 교화를 우선 강조한 것이라 할 수 있다.

이색은 창왕 원년(1389) 4월 권세가들의 토지 탈점으로 국가 재정이 악화되고 농민들의 생활이 어려워졌다는 명분으로 토지 제도의 개혁을 주장하는 것에 대하여, 구법舊法을 가벼이 고쳐서는 안된다는 이유로 반대하였다. 이색은 정도전 등이 주장하는 급진적인 제도 개혁에 맞서 온건하고 점진적인 입장을 취하였다. 지배 질서의 근거가 되는 예제 시행과 관련해서, 고려의 유·불·도 삼교가 결합된 예제 대신 『주자가례』를 보급하려고 하였지만, 이를 실행할 때에는 과거의 습속도 존중해야 한다고 하였다. 구래의 예제는 그 뿌리가 깊고 튼튼히 박혀 있으므로 갑자기 혁파되어서는 안 된다는 이유에서였다.

창왕 즉위년(1388) 8월에 이색은 문하시중이 되고 이성계는 수문하시중이 되었다. 이색은 회군 주도 세력의 저의를 의심하였고, 공민왕 대 성리학을 연구한 동료 학자들과 함께 이에 적극 대처하고자 하였다. 이색은 창왕 원년(1389) 10월 이숭인과 함께 명에 신년을 하례하러 가 감국監國과 자제의 입학을 청하였다. 이색은 명에 있을 때 변란이 있을까 두려워 이성계의 아들을 데리고 가기를 원하였고, 20세의 이방원(태종)이 동행하였다. 공민왕 때부터 명은 집정 대신을 불러 입조入朝하도록 하였지만, 모두 두려워 가지 않았는데, 이색은 이때 시중이 되어 입조하였던 것이다. 다음 달에는 밀직사 강회백과 부사 이방우를 명에 파견하여 창왕의 입조를 요청하였다. 고려 체제 안의 개혁을 지향한 이색은 창왕의 즉위를 통해 구래의 지배 질서에 의존하여 왕조를 유지하려 하였고, 중원의 지배자인 명을 천자국으로 하는 사대 외교론에 근거해 명과의 관계를 강화하려고 하였다. 원 국자감에 유학하고 원 제과에 합격한 바 있는 이색은 원이 고려에 정치적 영향력을 행사한 중조重祚 등을 익히 알고 있었으므로 이성계, 정도전의 왕조 개창 계획을 명에 의지하여 제어하려 하였다.

명에 간 이색은 명 홍무제와 면담하였으나 성과를 거두지 못하였다. 명에서 돌아온 이색은 홍무제를 "마음에 주견이 없는 군주였다. 내가 물을 것이라고 생각한 것은 묻지 않았고, 또 황제가 물은 것은 내가 당연히 물으리라 생각했던 것이 아니었다"고 했다. 더욱이 명은 고려 왕이 중국에 입조하러 오기를 청하나 굳이 올 필요 없고, 왕을 세우는 것도 너희에게 있고 폐하는 것도 역시 너희들에게 있으니 중국과는 서로 관계가 없다고 하여 고려의 정치 문제에 관여하지 않겠다는 태도를 분명히 하였다. 이로써 구래의 군신 관계를 명확히 하고 명의 감국을 통해 왕조를 수호하려던 이색의 시도는 실패하고 말았다. 이에 이색이 시중에서 물러나겠다고 하자, 창왕은 이색을 판문하부사에 임명하였지만 그해 10월에 사직하였다. 이색이 물러나자, 정도전 계열의 간관 등은 이색과 같은 입장에 있는 이숭인을 비판하는 등 이색처럼 왕조 개창에 미온적인 인물에 대한 공격이 강화되었다. 결국 정몽주가 죽고 새로운 왕조가 개창되었다.

조선 건국 후 이색은 출사를 거부하고 고려 왕조에 대한 도의를 다하고자 하였다. 이색의 학문과 도의는 조선 시대에 큰 영향을 미쳤다. 서거정(1420~1488)은 『목은시정선牧隱詩精選』을 편찬하였다. 조선 전기의 시문선집인 『동문선』, 『동문수東文粹』, 『별본동문선別本東文選』과 조선 후기의 시문선집인 『대동문준大東文雋』, 『동문팔가선東文八家選』, 『동문집성東文集成』 등에는 이색 시가 다수 선정·수록되었으며, 김창협, 김택영 등 조선의 이름난 문인들은 이색의 영향 하에 자신의 문장을 만들어 갔다. 중국에서도 이색의 문집을 보내줄 것을 청하였고, 진련陳璉은 이색의 묘지명을 짓기까지 하였다. 명종 22년(1567) 명 사신인 허국許國과 위시량魏時良은 이색의 시인 부벽루浮碧樓를 보고 감탄하였다는 기록이 있다. 세종 대에는 권근의 제자인 김반과 김일자가 성리학 정착의 공을 들어 권근, 이제현과 함께 이색의 문묘 종사를 주장하였다. 비록 불교에 아첨하였다는 반론에 부딪혀 받아들여지지 않았지만, 이색의 성리학 수용의 공적과 문장을 인정하는 방증이라고 하겠다. 말하자면 이색은 원나라에 유학하여 당대 최고의 선진 문화와 학문 그리고 그에 바탕을 둔 제도를 고려에 수용하여 고려 사회를 개혁하되 왕조를 유지하면서 유교적 이상사회를 건설하려고 하였다고 평가할 수 있다.

제5장

원 학술의 활용과 조선의 유교 문명화

1

원 학술의 활용과
허형의 문묘 배향

    고려 후기 개혁 정치 과정에서 건국된 조선 왕조는 성리학을 정치 이념으로 삼아 유교적 이상 사회, 정치 체제를 만들어 갔다. 건국의 이론적 기초를 닦은 정도전은 『조선경국전』과 『경제문감』을 통하여 정치 이념과 정치 체제를 확립해 갔다.

    『조선경국전』은 정도전이 태조 3년에 『주례』의 육전을 기초로 하여 통치 이념과 통치 조직을 종합적으로 정리·편찬한 책이다. 『조선경국전』은 『주례』의 이·호·예·병·형·공의 육전에 기초하여 원나라 때 만들어진 『경세대전』의 편목을 참고하였는데, 이 가운데 형전에 해당하는 헌전憲典은 『대명률』에 의거했다. 『경세대전』은 제호帝號·제훈帝訓·제제帝制·제계帝系 등 군사君事 관련 4편과 치治·부賦·예禮·정政·헌憲·공工 등 신사臣事 관련 6편으로 구성되어 있는데, 『조선경국전』은 여기에서 군사君事 편에 해당하는 정보위正寶位·국호國號·정국본定國本·세계世系·교서敎書를 빌려오고, 신사臣事 6편에 해당하는 치治·부賦·예禮·정政·헌憲·공工도 빌려왔다. 『경세대전』은 『송회요宋會要』나 『당회요唐會要』처럼 원의 문물제도를 『주례』나 『당육전』을 기준으로 편찬한 것이다. 몽골어로 된 공문서를 한문으로 대체하고 원의 문물제도를 총망라함으로써 원나라의 한화漢化 정책을 가속화하려는 목표에서 저술되었다고 한다.

또한 정도전은 태조 4년(1395) 6월 『조선경국전』 치전을 보완하여 재상과 대관·간관·위병·감사·주목·군태수·현령의 역할과 임무를 구체화하여 『경제문감』을 짓고 국왕에게 올렸다. 『경제문감』에는 남송 대에 만들어진 『주례정의』·『산당고색』·『서산독서기』·『문헌통고』·『고금원류지론』·『책부원귀』 이외에 『서경』·『소학』 등이 원용되고 있다. 여기에서 『산당고색』·『문헌통고』·『고금원류지론』·『책부원귀』는 백과사전 형식의 유서類書로, 자연과 인간 사회에 대한 동서고금의 풍부한 내용이 담겨있다. 예컨대 『문헌통고』는 원나라의 마단림馬端臨, 1254~1323이 1307년에 완성한 책으로 중국 고대에서 송 대에 이르는 문물제도를 기록하였다. 사마광의 『자치통감』이 이미 왕조의 치란흥망을 상세하게 기록하였지만, 여전히 부족하다고 보이는 전장·제도에 관한 통사로 편찬한 것이다. 그는 『통전』을 염두에 두면서 여러 경전[諸經]·사서史書·전기傳記를 비롯한 명신名臣의 주의奏議, 송 대 유학자의 평론·수필 등을 모으고 자신의 비판도 넣었다. 이 책은 한족漢族의 부흥을 기약하면서 송을 중심으로 역대 중국 왕조의 전장·제도를 총괄하였다고 할 수 있다. 고려 후기에는 고려와 원의 긴밀한 관계에서 당·송·원 대의 문물제도를 망라한 서적을 수용하고, 이를 통해 다양하고 풍부한 지식 정보를 얻고 있었다. 정도전은 이러한 지적 배경 속에서 새로운 왕조의 정치 체제를 이론적으로 뒷받침하고자 하였다.

『조선경국전』에서 육전 가운데 유독 헌전憲典만은 명나라 때 만들어진 『대명률』에 의거했다. 고려 후기에는 사회 모순이 격화되고 사회 개혁의 필요성이 제기되면서 통일된 법전 편찬이 요구되었다. 통일 법전은 우선 원의 법전을 활용하였다. 원과의 관계를 유의한 이인임 정권은 우왕 3년(1377)에 『지정조격至正條格』에 따라 옥사를 처결하도록 하였다. 원의 형벌은 형벌 부과 단위가 10단위가 아닌 7단위로 되어 있다. 우왕 5년에 마경수馬坰秀가 양민 은닉죄로 걸려들자, 최영은 법 규정대로 처벌을 고집하여, 마경수는 장 107대를 받고 유배형에 처했다. 107대는 규정된 장형의 최고형으로서 원의 형벌 단위이다. 같은 해 7월에 일어난 양백연 사건에 연루된 성석린은 장 107대를 맞고 함안으로 유배되었다. 요동 정벌에 반대한 이자송도 장 107대를 맞고 전라도로 유배되었다.

그러한 상황은 우왕 14년 9월, 전법사典法司에서 명 초기에 만들어진 법전인 『대명률』의 사용을 건의하면서 변화를 맞이하였다. 원나라가 천하를 다스릴 때에는 『대원통제大元通制』, 『지정조격』을 반포하여 시행하려고 하였지만, 제대로 시행되지 못하였다. 『지정조격』은 "옛날이나 지금이 다른 것은 당연하므로 반드시 같을 필요가 없고, 단지 지금에 타당한 것을 취한다"고 하여, 그때그때 시대의 변화에 따른 사회상을 반영하는 사례 모음집의 성격을 띠었다. 따라서 실용성은 있었으나 일관성이 없었고, 서리들이 농간을 부리는 폐단이 많은 결점이 있었다. 이에 개혁을 주장하는 유학자들은 법 적용의 인정성과 일관성, 통일성을 갖춘 법률을 모색하게 되고, 『대명률』에 호감을 갖게 되었다. 단 『대명률』이 좋은 법률이라도 고려 사회에 적용하기 위해서는 이전까지 써오던 법제와의 혼란을 피하기 위하여 유예하고 과도기적인 작업이 필요하였다. 그리하여 원의 율과 『대명률』의 장단점을 참작하여 쓰도록 하였고, 공양왕 4년에 정몽주는 『대명률』과 『지정조격』 그리고 본조의 법령을 참작해서 신율新律을 제정하였다. 조선 건국의 사상적 기초를 다진 정도전이 지은 『조선경국전』에서 헌전은 『대명률』이 채택되고, 새로운 왕조의 형정刑政 운영은 『대명률』에 기초하여 집행되도록 하였다. 다만 명나라 법전인 『대명률』을 그대로 적용하기 어려운 측면이 많으므로, 주어진 상황에 따라 무겁게 부가하거나 혹은 낮추어 조정하여 적용되었다.

한편 조선 왕조는 성리학을 국정 교학으로 삼은 뒤에 유교의 도통론에 근거하여 공자를 비롯한 유교의 성인들에게 제사 지내는 사당인 문묘文廟를 정비하였다. 고려 후기에는 이색 계열 사대부가 원 관학 성리학을 받아들이고 정도전 등은 중국 강남의 송 성리학을 수용하였다. 이색은 앞서 본 바와 같이 도통, 곧 성인의 도가 주나라의 공자, 맹자, 송의 주렴계와 정이천을 거쳐 원의 허형에게 이어졌다고 하였다. 왕조를 유지하려는 이색 등은 원 관학을 중시하고 『소학』을 중심으로 하는 실천적 윤리를 중시하며 원 체제를 유지하려는 허형을 높이 평가하였다. 반면에 건국을 주도한 정도전 등은 송의 성리학을 통한 유교 본래의 문제의식, 곧 정치 체제를 근간으로 하는 체제 변혁을 도모하였고, 체제 유지를 강조하는 허형에 미온적이었다.

조선 왕조는 유교 사상을 활용하는 과정에서 허형을 문묘에 배향한다. 조선 초의 예제 정비에 공이 있는 허조(1369~1439)는 태종 12년 6월 "원나라의 제도를 따라서 동중서·허노재로 문묘[兩廡]에 종사하게 하고, 양웅은 제사하게 말라"고 제안하였다. 이에 태종 13년 2월 한나라 무제 때의 동중서와 원나라 때의 허형을 문묘에 배향하였다. 곧 허형을 공자나 유교의 진흥에 공이 많은 인물을 배향하는 문묘에 넣음으로써, 이민족 왕조에 출사하여 유교를 진흥시키고 명분론과 실천 윤리를 통하여 원의 지배 질서를 정당화시킨 점을 긍정하였다. 그리고 그러한 허형의 유학을 받아들여 고려의 유교가 발전한 점을, 유교를 지배 이념으로 삼은 조선 왕조가 공식적으로 평가한 것이라 하겠다. 정도전 등이 미온적인 허형을 문묘에 배향한 것에는 변화된 정국 상황도 한몫했다. 태조 7년 8월 왕자의 난 이후 정도전 등이 죽임을 당하고, 권근·변계량·하륜 등 원의 영향을 받으면서 고려 말에 체제 유지적인 입장에 있던 이색 계열 사대부들이 조선 왕조에 적극 참여하면서 허형을 중시하게 되었다. 이는 정통 성리학과 함께 원 성리학의 영향을 인정한 것이자, 그 이면에는 원 성리학을 우선적으로 수용한 정치 세력이 중앙정계의 핵심으로 자리 잡음을 보여주는 것이기도 하다.

이때 권근은 원나라 조정에 관직 진출을 거부한 오징吳澄에 대한 비판적인 입장을 개진했다. 권근은 오징이 이민족인 원나라가 지배하는 세상에 나아가는 것을 비천한 일이라고 하고, 세상을 떠나 아무것도 하지 않는 것이 고상한 일이라고 한 말에 동의하지 않았다. 천하를 선하게 하는 일과 자신만을 깨끗이 하는 것을 대비하면서 유학자에게서 중요한 것은 도를 실현하는 것이라고 하여 오징의 출처를 비판하였다. 오징과 달리 허형은 이민족 왕조 원나라에 참여하여 송의 성리학을 계승하도록 함으로써 원이 정복 왕조로서의 정통성을 합리화시키고, 중국사의 발전 과정에서 하나의 왕조로 참여할 수 있도록 한 점을 긍정하였다.

허형에 대한 인식은 조선 중기 성리학 이해가 심화되면서 변화가 생긴다. 성종 대 사림파가 등장하면서 원에 출사하지 않은 오징이 부각되었다. 성종 10년 경연에서 "원나라 때 탈탈脫脫의 숙부인 박안泊顏이 반역하는 일이 많았으므로, 탈탈이 그의 스승 오징에게 물었더니, 오징은, '대의를 위해서는 친척이라도 죽여야 하는데, 어찌 그 사사로움을 돌아보겠습니까?' 하였고, 탈탈이 즉시 박안을 축출하였다"는 사례가 논의되었던 것은 이를 잘 보여준다. 오징은 의리와 대의를 중시하는 유교의 입장에서 높이 평가되었던 것이다. 성종 11년 12월 명나라 사신으로 갔다 온 바 있는 이파李坡는 명나라 문묘에 이미 채침蔡沈·오징吳澄·진덕수眞德秀가 배향되고 있고, 호안국은 『춘추전』을 지은 공이 크므로 이들을 모두 문묘에 배향하도록 요청하였다. 그 결과 성종 16년 채침·오징·진덕수를 성균관과 주요 지역의 문묘에 배향하도록 하였다.

그런데 16세기가 되면 허형에 대한 인식이 또다시 변화한다. 이황은 허형이 출사한 동기가 자신의 사적인 욕구에서 비롯된 것이 아니라, 이민족의 지배로 무너져 내리는 천리天理, 즉 성리학 이념을 되살리기 위한 것이라고 해석하였다. 이황은 허형에게서 인류의 역사 속에서 빛을 보지 못하고 사라질 뻔한 성리학 이념들을 세상 사람들에게 주지시켰다는, 이를테면 '말을 세워 후세에 전하는 입언수후, 立言垂後' 측면을 중시하였다. 반면에 이이는 허형의 출처에 대해 두 군주를 섬기는 실절失節에 해당하지 않지만, 그래도 오랑캐의 조정에 출사한 '실신失身'의 잘못에 해당한다고 규정하였다. 그리고 이를 근거로 『성학집요』에서 허형이 출처가 문제되기 때문에 도통의 반열에 놓을 수 없다고 하였다. 말하자면 원나라에서 벼슬한 허형과 벼슬하지 않은 오징을 둘러싸고, 조선 시대 유학자들은 찬반양론을 벌이고 자신의 벼슬살이와 유학자의 처신을 따져 물었다고 하겠다.

2

원 귀화인 설장수의
외교 활동과 외국어 교육

　설장수偰長壽(1341~1399)는 위구르족(색목인)으로 원·명 교체기에 고려에 귀화하여 대명 외교 활동에 기여하였다. 설장수는 조상이 설연하偰輦河에서 살았으므로 성을 설씨라고 하였다. 설장수의 아버지 설손偰遜, 1319~1360은 1345년에 원 진사시에 합격하고, 단본당정자端本堂正字로 선발되어 황태자에게 경전을 가르쳤는데, 승상 합마哈麻, 카마의 시기를 받아 단주單州의 수령으로 나갔다가 부친상을 당하여 대령大寧에 우거하였다. 홍건적이 대령을 침략하자 공민왕 7년(1358) 무렵 싸움의 혼란함을 피하여 고려로 왔다. 공민왕이 원에 있을 때 황태자를 단본당에서 시종하였던 설손과 구면이었기 때문에, 공민왕은 그를 매우 후하게 대우하여 고창백高昌伯, 부원후로 봉하였고 부원富原, 용산에 토지를 하사하였다. 설손은 『근사재일고』를 남겼는데, 그 후서를 이색이

썼다. 명나라 태조가 공민왕 18년(1369)에 첫 외교 사절을 보냈을 때 사신으로 온 부보랑符寶郞 설사偰斯는 설손의 사촌동생이었다. 조선 세종 대『삼강행실도』를 짓고,『효행록』을 증수한 설순은 설장수의 조카였다.

중국의 원·명 왕조 교체기에는 중국 출신 귀화인이 많았다. 자료로 확인되는 16명은 주로 지식인이었는데, 이들의 귀화 배경은 고려가 원의 제과 합격자를 다수 배출하는 등 중국에 문화국가로 알려진 까닭이었다. 이는 당시 귀화한 인물들의 사례를 통해 알 수 있다. 공민왕 대 귀화한 한복韓復, 拜住은 1341년에 이인복과 함께 원 제과에 합격한 동년이었는데, 고려가 재능있는 중국인들을 우대하였던 전례에 따라 관직에 진출하여 고려의 문화 발전에 기여하였다. 비슷한 시기 귀화한 당성唐誠의 경우 조선이 건국되고, 개국 원종공신이 되었으며, 정도전·조준 등과 함께『대명률직해』의 편찬에 참여하였다. 이밖에 이민도·한방·홍즙 등은 사역원에 소속되어 외국어를 가르쳤다.

설장수는 공민왕 11년 홍언박과 류숙이 시관일 때, 이숭인·박의중·정도전과 함께 과거에 합격하였고 이들과 교류하였다. 그는 공민왕 22년 왕에게 왜구를 퇴치할 방책을 올렸는데, 당시 고려 국가의 방비 태세와 왜구의 침투 전술 등을 파악하고, 기존의 청야淸野 전술의 문제점을 지적하면서 연해로부터 100리까지의 주민을 모으고, 그들이 안심하고 생활할 수 있도록 성보城

堡를 축조할 것을 건의하였다. 해안가에 요새화된 성을 쌓고 주민들이 농사와 방비를 겸하여 왜적을 방어하고 주변의 비옥한 토지를 개간하자는 것이었다. 이는 고려 말에는 반영되지 못하였지만, 세종 대 해방海防 체계를 마련하면서 실현되어 갔다.

설장수는 명나라에 고려 왕의 사절로 6번, 조선 왕의 사절로 2번 다녀오는 등 대명 외교 활동을 전개했다. 당시에는 명나라 황제와 관원의 말인 한어漢語를 정확히 이해하는 능력이 필요했던 만큼 귀화인들의 역할은 그 어느 때보다 중요했다.

당시 명과 고려의 관계에서 외교 문서는 황제가 중서성이나 예부 등 명나라의 관리들에게 명령을 내려 작성한 자문咨文이 전달되기도 하고, 황제가 직접 고려 사신에게 문서를 내리는 조서詔書가 전달되기도 하였다. 여기서 조서의 경우 명 황제가 고려 사신을 만나는 자리에서 수조手詔라고 하여 자신이 직접 작성하거나, 황제가 사신과 대면하여 말로 전달한 내용을 황제의 신하들이 받아 적은 후, 그 사본寫本을 귀국하는 고려 사신에게 부치는 방식으로 전달하였다. 이때 명 황제의 말로써 명령을 내리려면 근신들이 이를 받아 적어 황제에게 올리고 황제가 윤허를 내린다. 이 밖에 황제의 말을 고려 사신이 기억했다가 귀국하여 전언傳言 형식으로 고려 정부에 보고하고 그것을 고려의 사관史官이 옮겨 적기도 하였다. 이 과정에서는 황제의 말이 그대로 옮겨졌던 만큼 문어체가 아닌 구어체인 백화문으로 작성되었기 때문에 구어의 백화문을 잘 이해하고 구사하는 능력이 필요했다. 특히 명의 홍무제는 여러 대소사를 직접 관장하여 이를 자신의 말로 처결하는 황제였고, 황제의 말이 조정의 공식 입장이자 결론이 될 수 있었다. 한어의 능통한 구사는 당시 외교 실무상 특히 중요한 능력으로 요구되었다. 그러한 배경 속에서 중국의 이민족으로 한문과 중국말에 능통하였던 설장수가 복잡하고 번다한 외교 현안 문제 해결에 기여할 수 있었다.

자료16 | 설장수의 명 사신 이력

번호	시기	관직	내용
1	공민왕 19년 9월		천추사(千秋使, 황태자 생일 축하 사절)
2	공민왕 22년	판전농시사	천추사(千秋使)
3	우왕 13년 2월	지밀직사	심양 지방의 군민(軍民) 추쇄(推刷)
4	우왕 13년 윤6월	문하평리	성절사(聖節使, 황제 생일 축하 사절)
5	우왕 14년 7월	정당문학	우왕의 퇴위, 창왕 습위 명에 요청
6	공양왕 3년 9월	찬성사	하정사(賀正使, 정월 초하루 사절)
7	태조 5년 11월	판삼사사	사은사(謝恩使, 명의 왕실 혼인 요청 사은)
8	정종 1년 정월	판삼사사	진향사(進香使, 명 태조 국상 조문)

공민왕 대의 설장수는 중국어[漢語] 실력을 활용하여 고려의 사대의 입장을 명확히 전달하고 명의 고려에 대한 의사를 전달하였다. 공민왕 22년(1373, 홍무 6) 6월 판전농시사였던 설장수

는 명의 황태자 생일[千秋節]을 축하하기 위한 천추사로 파견되었다. 이 무렵에 중국 전체를 통일하지 못한 명은 북방 지역의 북원北元과 고려의 결합을 우려하여 고려에 신중한 외교 자세를 보였다. 그 결과 명은 고려에 3년에 한 번만 조공하도록 하고, 해로海路가 위험하니 육로로 오고, 황제의 생일[聖節], 황태자의 생일[千秋]에 전문箋文을 올릴 필요가 없다고 하였다.

설장수는 우왕 13년 2월 심양瀋陽 지방의 군민軍民의 쇄환刷還과 말의 구입 문제를 해결하기 위하여 명에 파견되었다. 압록강 유역에 도달했을 때 황제에게 관복을 추가로 요청하여 받아오라는 우왕의 명령이 그에게 전달되었다. 설장수는 명의 홍무제를 직접 대면하여 대화를 나눌 기회를 얻어, 곧바로 그동안 미뤄왔던 신료의 관복을 추가로 하사해 줄 것을 요청했다. 이에 홍무제는 관복을 하사했고 설장수가 그 관복을 입고 귀국하자, 고려 조정에서는 이에 기반하여 새롭게 백관의 관복을 정했다. 정몽주와 이숭인, 하륜 등은 명의 복식을 정비하여 고려 관인의 관복 제도를 다시 정할 것을 건의하였다. 충렬왕의 '의관개변령'으로 개체 변발을 하고 호복과 몽골식 립笠을 착용했던 고려 관인의 공복이, 명나라 제도를 준용하여 사모 단령포를 기본으로 하고, 품계에 따라 차등있게 허리띠[帶]를 착용하는 새로운 방식으로 교체되었다. 이로써 고려 관복에 남아 있던 몽골 복식의 영향은 제도적으로 정리되었고, 고려 국왕과 신료의 제복, 조복,

공복이 전면 개편되었다.

명 홍무제는 사신으로 온 설장수에게 "그대는 고가故家의 자손이니, 여기에 왔던 다른 재상들과 다르다. 너는 나의 말을 알고 나도 너의 말을 알기에 이 말을 그에게 하노니, 나의 생각을 재상들에게 알려 성의를 다하도록 하도록 하라"고 하였다. 홍무제는 설장수가 고가의 자손이라는 말과 함께 자신의 말을 이해하여 고려의 재상에게 자신의 말뜻을 잘 전하라고 하였다. 설장수에 대한 홍무제의 반응은 창왕 즉위년에 창왕의 입조와 감국으로 이색이 홍무제를 만났을 때 이색을 두고 "나하추처럼 말을 한다"라고 하였던 것과 대조된다. 설장수는 고려와 명나라의 말을 잘 했던 만큼 외교적 역할을 충실히 수행하였다. 위화도 회군 후인 우왕 14년(창왕 즉위년) 7월 설장수는 문하찬성사 우인열과 함께 명나라 남경에 파견되어, 우왕의 양위를 알리고 창왕의 습봉을 청하며 최영이 군사를 일으켜 요동을 치려고 한 죄를 보고하였다. 여기에서 우왕은 최영이 출병을 권유함에 따라 요동을 공격하였고, 이는 우왕의 잘못이 크다고 하였다. 그래서 충렬왕·충선왕·충숙왕이 아들에게 퇴위한 고사에 근거해서 1388년 6월에 아들 창이 임시로 국왕을 맡게 되었으니 허락해 달라는 것이었다.

그리고 얼마 후 이성계와 정도전 등은 김저의 옥을 이유로 창왕을 폐위하고 공양왕을 옹립하였는데, 설장수는 여기에 참여하였다. 폐위 이유는 창왕 원년(1389) 11월 위화도 회군 직후 퇴위당해 여흥에 유배된 우왕과 최영의 족당인 김저와 정만후 등이 우왕 복위를 모의하여 고려의 왕씨의 종사를 영원히 끊어버리려고 했다는 것이다. 이 일로 태조 이성계가 판삼사사 심덕부·찬성사 지용기·정몽주·정당문학 설장수·평리 성석린·지문하부사 조준·판자혜부사 박위·밀직부사 정도전 등과 흥국사에서 모여서, 우왕과 창왕은 본래 왕씨가 아니므로 종사를 받들게 할 수 없으며 천자의 명도 있으니, 마땅히 가짜 왕[假王]을 폐하고 진짜 왕[眞王]을 세워야 한다고 하였다. 그리하여 정창군 왕요를 공양왕으로 옹립하였다. 설장수는 정몽주·이성계·정도전·조준 등과 함께 공양왕 옹립의 9공신이 되었다.

공양왕 대 설장수는 왕조 개창에 반대하는 입장을 갖고 정몽주와 결합하였다. 그는 정몽주가 정치 주도권을 잡고 정도전 등을 제압하고 있을 때인 공양왕 3년 5월 이원굉과 함께 과거 시험의 시관이 되었고, 공양왕 3년 9월 명나라의 신년 축하 사행으로 명에 세자 석奭·심덕부·민개 등과 함께 갔다. 공양왕을 중심으로 고려 왕조를 지키려는 목표를 갖는 사행이었다. 그러나 공양왕 4년 5월 정몽주가 살해됨에 따라, 그는 정몽주와 당을 만들었다는 이유로 파면당하고 시골 마을에 살게 되었다. 설장수는 이색·정몽주와 함께 고려 왕조를 유지하려는 입장에 섰고, 조선이 건국될 때 결집하여 난을 일으켰다고 지목된 56인

자료17 | 포항(장기)의 설장수 유배지

가운데 한 사람으로 논죄되어 장기(포항)에 유배되었다. 그해 10월 외방에서 편의대로 살게끔 조치되었다.

조선 건국 후 설장수는 등용되어 대명 외교에서 활약하였다. 설장수는 홍무제의 조선에 대한 혼인 문제와 관련해서도 외교 활동을 하였다. 건국 초의 대명 관계는 긴박했다. 명은 표전 문제를 제기하고 찬술자 정도전을 압송하라고 하는 등 조선을 압박했다. 태조 5년(1396) 6월에 명은 상보사승尙寶司丞 우우牛牛 등을 보내어 첫 번째 표전 사건 때 요구한 정도전을 보내라고 강경하게 요구하였고, '미래에 사돈을 맺는 데 좋을 것이다明日好做親家'라고 하여, 조선 왕실과 사돈을 맺겠다는 명 홍무제의 뜻을 전하였다. 이에 조선은 황제가 사돈 맺는 것을 허락하였다고 종묘에 고하며 권중화를 명에 사절로 보내어 이 혼담에 사례하였다. 같은 해 11월 제2차 표전 사건을 해명하고 돌아온 하륜은 다시 황제의 혼인 의사를 전달하였다. 그 소식을 듣고 조선에서는 사은을 위해 설장수와 신유현을 보내었는데, 홍무제는 이 혼사에 대한 자신의 진정성을 강조했고, 조선 태조에게도 지극한 정성을 요구하였다.

태조 5년(1396) 11월에 명에서 돌아온 설장수는 명이 정도전을 위험 인물로 지목하고 명으로 압송하라고 할 때, "신이 고려에 귀화한 지가 지금 40년인데, 공민왕은 말할 것도 없고, 중간의 두세 임금도 신이 감히 그 지성을 보증하지 못하지만, 지금 임금은 한마음으로 위를 공경하여 감히 태만하지 않습니다"라고 하였다. 자신을 받아들인 조선에 대한 충성을 말한 것이었다. 하지만 정도전은 설장수를 고려 말에 왕조를 유지하려는 인물로 여겨 권근과 함께 꺼려하였다. 이에 태조 6년 4월 정도전이 헌사에 사주하여 권근·설장수를 탄핵하였으나, 태조는 이를 불문에 붙였다.

설장수는 정종 원년(1399) 태조의 퇴위를 알리고 정종의 승인을 요청하기 위해서 계품사로 명에 향했다. 그런데 설장수의 사행 도중 홍무제의 사망과 명 혜제의 즉위를 알리는 명 예부의 자문이 도착하자, 조선 왕조는 김사형을 하등극사賀登極使, 하륜을 진위진향사陳慰進香使로 명에 파견하였다. 이들보다 먼저 출발한 설장수는 요동의 파파보婆婆堡에 이르렀는데, 요동도사로부터 3년 1사의 기한에 해당되지 않는다는 이유로 입국을 거절당했다. 의주에서 대기하던 설장수는 조정으로부터 명목을 진향사進香使로 바꾸라는 훈령을 받고 하등국사 및 진위사 일행과 함께 합류하여 3인이 동시에 명에 들어갔다. 이들은 임무를 완수하고 명 태조의 기본 방침인 '의례는 본국의 풍속을 따르고, 법은 예전 법을 지키며, 스스로 교화를 펼치라'는 예부 자문을 가지고 오게 되었다. 설장수는 중국에서 온 유학자로서 유교 지식과 순발력 있는 외교 활동으로 고려와 조선의 외교 현안을 해결하는 데 기여하였다.

한편 설장수는 조선 왕조에서 외국어의 통역과 번역을 맡아보던 관청인 사역원司譯院을 활성화하고자 하였고, 태조 3년 11월에 사역원 제조로서 글을 올려 역관 양성에 필요한 시험 방식을 제시하였다. 여기에서 우리나라가 대대로 중국을 섬겨 언어와 문자를 익히지 않을 수 없다고 하면서, 사역원에 녹관祿官과 교관을 두어 생도를 가르치고, 중국 언어와 문자의 음과 뜻이며 글 짓는 법식까지 익히게 해야 한다고 역설하였다. 그리고 시험보는 절차와 교과목을 체계적으로 제시하였다. 즉 3년마다 시험을 보되, 시험 자격은 7품 이하로 『사서』와 『소학』·이문吏文·한어·몽골어에 통하는 사람은 모두 시험에 응시하게 하고, 한어를 공부하는 사람으로서 『사서』·『소학』·이문·한어에 다 통하는 자를 제1과科로 하여 정7품 출신의 교지를 주고, 『사서』의 반쯤과 『소학』 및 한어를 통하는 자를 제2과로 하여 정8품 출신과 같게 하고, 『소학』과 한어만 능통한 자를 제3과로 하여 정9품 출신과 같게끔 하는 방식으로 시험 제도를 정비하도록 제안하였다.

여기에서 설장수가 『소학』을 한어와 더불어 1과와 2과 3과 모든 과의 공통 과목으로 정하자고 하였던 것이 주목된다. 그는 『직해소학』이라는 백화문체의 교재를 만들어 대명 외교에서 역관을 양성하고자 하였다. 『직해소학』에 대해서는 한자와 이두를 활용한 원문 풀이라는 것과, 백화문으로 『소학』의 문장을 풀이한 책이라는 두 가지 해석이 있다. 이 가운데 『소학』이 사역원의 필수 과목이므로 두 번째의 가능성이 높다고 보인다. 『직해소학』은 『소학』의 내용을 중국식 발음으로 읽고 이해할 수 있도록 만든 것이다. 『직해소학』이 중국어 학습에 필요하게 만든 교재였던 만큼 『소학』의 이념이 역관의 기본 소양이 되고 조선의 일반교양이 되는 것에도 기여하였다고 할 수 있다.

이러한 설장수의 활동은 세종 대에 재평가된다. 세종 23년 8월에 상호군 민광미 등에 따르면, 사역원이 만들어진 이후 처음에는 방화龐和·형화荊華·홍즙洪楫·당성唐城·조정曹正 등이 서로 이어 가르쳤고 이를 배우려는 사람이 많았지만, 교재는 『노걸대』·『박통사』·『전·후한서』뿐이고, 서적에 기재된 것 또한 상스럽고 속된 말뿐이었다. 설장수가 한어漢語로써 『소학』을 해석하고 직해直解하여 중국의 유자들도 직해를 보고 해설한 것이 타당하며 경모할 만하다고 하였다. 이처럼 설장수는 사역원이 중국을 비롯한 주변국과의 외교 활동을 위해 한어·몽어·여진어·왜어 등 외국어를 교육하여 통역가를 양성하고, 중국의 고전을 번역하는 역할을 하도록 하였다.

설장수는 아버지를 따라 고려에 귀화하여 지식인으로서 성보城堡 축조와 같은 왜구 방비책과 개혁안을 제시하고 유학자와 교류하였다. 그리고 능통한 중국어를 바탕으로 대명 외교 활동에 참여하여 사대 외교를 지향한 조선 왕조의 체제 유지에 기여하였다고 할 수 있다.

3

조선의 유교 문명화와 소중화

 고려는 공민왕의 반원 개혁을 통하여 원의 부당한 내정 간섭을 시정하는 가운데 명나라와 새로운 사대 외교를 모색하였다. 그것은 전통적인 중국과 한국의 천자·제후 간 사대 외교의 제도적 형식적인 틀을 마련하는 것이었다. 중국과의 사대 외교의 기조를 유지하면서도, 원나라가 천자·제후 관계로 내정을 간섭한 것과 달리, 명나라와는 명분적, 예제적인 천자·제후 관계를 형성하였다.

 위화도 회군 이후 정도전 등은 개혁을 추진하는 과정에서 새로운 왕조 개창까지 전망하고 있었다. 이에 반대하여 고려 왕조를 유지하려는 이색은 명을 이용하려고 했다. 이색은 1388년 10월 명에 사신으로 가서, 감국과 창왕의 입조를 허락해 줄 것을 요청하였다. 원나라 때 국왕의 입조를 통하여 왕의 위상을 재정립하였듯이 창왕의 입조를 통하여 고려와 명의 관계를 강화하려고 하였다. 이것이 실현되면 명의 내정 간섭이 이루어지고 창왕의 지위가 안정되며, 국왕을 정점으로 하는 상하·존비의 군신 질서가 확립될 수 있을 것으로 본 것이다.

이에 대하여 명 홍무제는 "고려는 산이 막히고 바다를 등지고 있어 풍속이 다르니 비록 중국과 통하고 있으나 이합離合이 일정하지 않았다. …… 창왕[童子]이 반드시 입조할 필요가 없다. 왕을 세우는 것도 너희에게 있고 폐하는 것도 역시 너희들에게 있으니 중국과는 서로 관계가 없다"고 하였다. 이미 우왕 6년과 9년에 고려 사신의 입공을 거절하면서 고려는 산이 막히고 바다를 사이에 두고 있어서 다스림을 펼치기 어려우니 스스로 알아서 하라는 것과 통하는 내용이었다. 고려 국왕의 친조가 이루어지고 황제가 파견한 관리가 고려의 국정을 간여하고 감독하였던 원나라와 달리 명은 고려의 내정 간섭을 거부하였던 것이다.

명나라는 천자국, 상국의 입장에서 고려를 바라보면서, 원과 고려의 방식과 다른 차원에서 고려에 대응하였다. 창왕 원년의 명 예부 자문에서 명과 고려는 산이 막히고 바다를 등지고 있다는 것을 강조하고, 국왕의 선정이 고려 스스로 할 일이라고 주장한 것은 명 중심의 질서를 적용하는 방식이 그 이전과 달라진 것을 의미한다. 명나라는 조선은 동쪽에 치우쳐 있어서 중국이 다스릴 바가 아니라고 하고, 성인의 교화가 조선의 사정에 맞게 자유롭게 하라[聲教自由]고 하였다.

사대 외교에서 외국으로서의 중국과 문명으로서의 유교를 구분할 수 있는데, 조선은 국가의 독립성을 유지하면서 자율성이 전제되는 가운데 중국의 선진 유교 문화를 수용하였다. 조선은 명으로부터 교화의 자유를 인정받아, 성인의 교화가 조선에 미치는 것은 조선이 알아서 할 일로 파악하였다. 여기에서 '성교자유聲教自由'의 구체적인 내용은 '제도는 본속에 따르고, 법은 옛 제도를 지키는 것[儀從本俗 法守舊章]'으로 결국 제도와 법을 조선이 스스로 시행하는 것이라고 할 수 있다. 세종 대 명에 『대명률』을 청하자 명은 '의례는 본속에 따르고 법은 구법을 지키라'하였는데, 이것은 명나라 율을 조선에서 반드시 준수할 필요가 없다는 의미였다. 조선에서는 『대명률』을 쓰지만 시속과 사세에 인하여 가볍게 하고 혹은 무겁게 하거나 혹은 따로 조장條章을 세울 것이 많다는 이유에서였다. 이는 중국의 법률인 『대명률』이 조선 사회에 바로 적용하는 문제에 대한 상대적 인식을 보여주고 있다.

조선은 이러한 명의 대외 정책을 염두에 두고 자율적인 문명화 정책을 폈다. 원으로부터 성리학을 수용한 유학자들은 세계 제국 원나라가 갖는 문화의 보편성과 그것을 뒷받침한 성리학의 세계관에 조응하여, 정통 한족 왕조인 명나라가 유교를 통하여 문치를 행하고 한자와 삼강오륜이라는 천하 동문天下同文으로 천지의 질서를 세웠으니, 우리나라 역시 인문을 실현할 때라고 하였다. 정도전은 우왕 13년에 쓴 글에서 당시를 '명나라가 천명을 받아 그 황제가 천하를 차지하게 되자, 덕을 닦고 무를 지양하면서 문자와 제도가 통일되었고, 예악禮樂을 제정하고 인문人文을 육성하여 천지의 질서를 바로 잡고 있는 때'라고 규정하였다. 문치는 주 문왕의 통치를 표현한 것으로 부국강병을 지향하는 공리적 국가나 형정 위주의 국가 운영에 대비해서 학술 진흥과 문물 정비를 통한 국가 운영을 가리킨다. 위화도 회군을 감행한 뒤 새로운 변화를 모색하는 시점에서 유교를 통한 문치, 인문 의식을 토대로 우리나라를 유교적 문명국가로 만들려는 뜻을 가졌던 것이다.

조선은 유교 문화, 유교 문명 하의 제후국의 위상을 전제하면서 독립국 조선의 실정에 맞는 제도를 만들어갔다. 문서 행정을 보면 조선 국내의 문서를 명 조정과 주고받을 일은 없었으므로, 하위 단위의 문서는 고려 시대 이래의 명칭과 관례를 그대로 유지하되, 국왕이 주체가 되는 최고의 등급의 관문식 서식만을 명의 그것과 일치시키는 방식을 따랐다. 문체에서도 명의 독특한 행정 문서체인 이문吏文을 따르지 않고 조선 특유의 이두를 사용하였다. 조선은 명의 직접적인 간섭없이 자체의 문물제도를 정비하였다.

중국을 문명의 중심국, 본받아야 할 대상으로 파악한 고려 후기 성리학자들은 중국을 모델로 이상 국가를 건설하려고 하였다. 이때 그 방법은 몽골(원)이 중국 중원을 차지하고 한화漢化 정책을 추진하면서 자신들의 고유 문화를 보존하고 발전시키는 정책과 함께하여 진행되었다. 거란(요), 여진(금) 등 유목 민족들이 중국화 정책으로 중국에 동화된 것을 경계하여, 자신의 정체성을 잃지 않으려는 것이었다.

사실 한민족韓民族은 기원 전후 중국 문명을 핵심으로 하는 동아시아 문명권으로 흡수되면서 문명 전환을 꾀하였다. 그것은 한자, 유교 문화로서 당대 동아시아 최고의 문명이었다. 중국 문명은 신석기 시대 이래 주변의 문화를 압도하였고, 진한은 주변 동아시아 여러 민족에게 생존을 위한 결단을 강요하는 초문명 강대국이었다. 한나라는 유교를 국교화하고 군현 지배 체제를 통하여 농경 사회를 지배하였다. 이에 주변국은 중국의 직접 지배에 저항할 수 있는 힘을 갖추지 못하면, 중국의 군현으로 편입되거나 보다 강력한 주변 민족에게 병합되는 운명에 처하였다. 중국에 대한 저항은 중국을 모델로 하는 국가를 형성하는 것이 가장 최상의 방법이었고, 중국 문화의 수용과 조공 관계를 인정하는 것으로 나타났다. 기원전 1세기 한사군의 설치는 한반도에 한자 문화가 확산되는 계기가 되었다. 그 결과 한문 문화의 선진성 특히 중국의 지배 체제를 지지하는 이념과 통치 기술을 제공하는 유교 경전, 사서, 제자학, 시문에 관심을 가지게 되었다. 그리하여 삼국 시대에 학교 제도와 역사 편찬이 이루어졌다. 신라의 경우 국학을 정비하고, 독서삼품과를 설치하여 한자, 유교 문화를 습득하게끔 했다. 그 결과 문사文士가 배출되고 문한文翰 기구가 설립되며 중국 왕조 국가를 모델로 하는 유교 이념과 중앙 집권적 체제를 강화하는 방향이 모색되었다. 중국의 유교 문명은 고려와 조선 사회를 거쳐 이해되고 확대되어, 중국의 주변국 가운데 가장 발달된 문화가 한반도 국가를 통해 발현되었다. '소중화小中華'란 이러한 현상을 잘 집약한 개념이라 하겠다.

한반도 국가의 중앙 집권 체제 강화와 유교 이념을 수용하려는 노력은 중국인도 인정하였다. 소중화 의식은 신라 통일기 이래 존재해 왔다. 당은 신라를 군자의 나라라 하였고, 송은 고려를 문물과 예악이 발달한 나라라고 해서 고려 사신들이 유숙하는 곳을 소중화지관小中華之館이라 하였다. 이규보는 중국인이 우리를 소중화라고 말한 것은 진실로 채택할 만하다고 하였고, 이승휴도 (중)화인이 우리를 소중화라고 하였다고 하였다. 고려 사람들 스스로도 문물이 융성하여 중국에 견줄만 하다고 하여 자신을 소중화라고 일컬었다. 중국에 유학하는 유학생뿐만 아니라 외교 사절로 중국과 접촉하는 가운데, 고려인들이 도덕 문화 민족임이 알려지게 되었다. 물론 소중화론은 중국인에 의해서 형성되었지만, 국제 관계에서 고려가 자존하는 방편으로 작용하였다.

 조선은 고대 이래의 유교 문명화 정책을 전개했다. 중국과의 전통적인 천자·제후 관계를 명과도 설정하며, 명의 선진 유교 문명을 수용하였다. 특히 성리학을 통하여 유교적 이상 사회를 제시하고 유교 탄생의 본래적인 문제의식과 그에 대한 성찰에서 파생된 도덕론과 수양론을 제시하였고, 조선 왕조의 개창을 통하여 이를 더욱 심화시켰다.

 원으로부터 수용된 성리학은 유교의 확산, 곧 오륜과 같은 유교 윤리를 실천하는 것으로 이어졌다. 이를 잘 보여주는 것이 『소학』과 『주자가례』의 보급이다. 충목왕 3년(1347) 5월 이천년李天年이 경상도 영해의 장서기掌書記가 되어 학교를 짓고, 어린 아이들을 가르치게 하며, 고을의 아이들이 입에서 젖을 떼기만 하면 소학에 나와서 배우도록 하였고, 이들이 구두나 시문을 익히는 것보다는 물을 뿌리고 청소하며 응대하고 나아가고 물러나는 절차와 유교의 6예(예, 음악, 활쏘기, 말타기, 글쓰기, 셈하기)를 가르치도록 하였다. 교육 내용에 유교의 본령을 제시하여 유교의 기본 교육에 충실하도록 하였던 것이다. 이색은 "습관이 되면 본성처럼 이뤄지나니, 몸 바르기부터 가르쳐야 하고, 삼가해서 『소학』을 소홀히 말지어다. 중요한 것은 명륜편에 있다"고 하였고, 권근은 권학사목勸學事目에서 학교에서 배워야 할 내용으로 『소학』은 인륜과 세도에 긴요하므로 사학四學과 향교의 생도들은 먼저 이것을 배우고 난 다음 다른 책을 공부하라고 하였다. 학생들이 배우는 것은 주희가 주석한 사서四書를 중심으로 한 유교 경전이지만『소학』은 그 선수 과목이 되어야 한다는 것이다. 그리고 그 실효를 보장하고자 생원시에서『소학』을 시험치도록 제도화하자고 주장하였다.

원래『소학』은 송나라 주희가 풍속이 아름답고 교화가 실현된 사회를 실현하기 위해 성인의 가르침을 취하여 교육해야 한다는 취지에서 만들었다.『소학』은 아동에 대한 기초 교육과 일상적인 윤리규범을 가르침으로써『대학』의 궁리窮理 정심正心, 수기치인의 도를 가르치는 기초가 된다.『소학』에서는 물 뿌리고 청소하며 응대하는 일상적인 일부터 시작하여 격물格物 곧 사물의 이치를 탐구하고 사람의 도리를 알아, 집을 가지런히 하고 나라를 다스리며 천하를 화평하게 하는 일로 나아가야 한다는 과정을 제시하였다. 이는『대학』공부에 앞서서『소학』에서 본성 함양 공부가 선행되어야 함을 보여준 것이다. 요컨대 미성년의 단계에서 물 뿌리고 청소하며 대답하는 행동의 의절과 부모를 친애하고 윗사람을 공경하는 것과 같은 대인 관계의 도리를 교육하고 몸에 젖어 들도록 함양시킨 이후에,『대학』에서 격물치지의 참된 이치를 파악하게끔 하여, 관념화되고 수단화되어 건성으로 하는 학문에 빠지고 개인의 영달을 위한 사적인 이익을 구하는 수단으로 이용되는 것을 막고자 한 것이었다.

또한 원을 통해서 고려에는 유교 본래의 문제의식 곧 인의도덕과 효제충신을 기반으로 한 관혼상례의 『주자가례』가 보급된다. 유교에서 만사의 근원은 효이고, 효가 모든 덕의 근본이다. 효행의 실천 가운데 관혼상제의 실천으로 가정과 향촌에서 천리天理로서 인간이 지켜야 할 도를 행하게 한다. 예는 근본이 있고 형식이 있는데 명분을 지키고 사랑하고 공경하는 바가 근본이고, 관혼상례와 의식과 장치, 법도와 절차가 그 형식이라고 보고, 이것들을 일상생활에서 실천할 것을 주장하였다. 이는 가례를 단순히 실천한다는 것에서 더 나아가 예의 본질에 대하여 사유하면서 도리에 맞는 행동을 하도록 한 것이다. 『주자가례』는 인간의 통과의식인 사례(관혼상제)가 중심이 되어 일상의 생활 의식을 정립해 가족 간의 유대 강화와 사회 질서를 유지하는 데 이용되었다. 『주자가례』의 실천으로 유교의 사회화, 생활화에 부응해서 유교 윤리가 확산되었다.

　이숭인은 『주자가례』의 보급과 관련해서, 사가私家의 예인 관혼상제를 실행할 것을 주장하였다. 그는 『예기』에 근거하고 주희와 정이천의 예를 참고하여 현실의 마땅함을 참작해서 3품 이상은 옛 제후와 같이 4대까지 제사 지내고, 6품 이상은 대부의 예와 같이 하고, 7품은 상사上士의 예와 같이, 8품과 9품은 중사中士·하사下士와 같이 제사 지내도록 하였다. 위화도 회군 이후 조준 등은 성리학에 입각한 개혁을 추진하고 예제를 정비하였다. 기본 방향은 이숭인의 입장인 품계品階에 따라 제사 지내는 범위를 정하는 방식이었다. 공양왕 원년 12월 조준은 대부 이상은 3세, 6품 이상은 2세, 7품 이하 서인은 부모에게만 제사 지내고 가묘家廟를 세울 것을 주장하였다. 이 상소문은 공양왕 2년 2월 제례 규정으로 반영되었고, 6개월 후에 대부사묘제의大夫士廟祭議로 공포되었으며, 조선 시대에 들어『경국대전』에도 반영되었다.

이 당시에는 『주자가례』 중에서 삼년상제와 여묘제가 효심의 진정한 발현으로 이해되고 있었다. 이곡은 효 윤리의 실천을 위하여 유교의 상장례가 본래의 의미대로 실천되기를 원하며, 죽은 사람을 장사지낼 때 행하는 상례喪禮에서 효심이 드러나도록 하였다.

상례 가운데 여묘廬墓는 부모님이 돌아가시면 묘에 안장하고 상주가 묘 근처의 여막에서 3년간 묘를 지키는 것이다. 사람이 죽으면 혼魂과 백魄의 결합이 해체되어 혼기魂氣는 하늘로 돌아가고 형기形魄은 땅으로 돌아간다고 한다. 이때 사당 [廟]은 강림하는 조상의 영혼을 맞이하는 장소이고 묘墓는 대지로 돌아가는 죽은 사람을 보내는 장소이다. 송 대 성리학에서 주희는 조상과 후손의 관계를 기氣의 연속으로 보고, 죽으면 혼백이 흩어지지만 기가 자손과 통하므로 자손이 제사를 지내면 죽은 자의 기가 모여 감응한다고 하여, 조상과 후손의 기氣가 부계父系로 연결된다고 주장하였다. 그리고 가묘家廟 중심의 제사론을 주장한 바 있다. 제사 의식을 분묘墳墓에서 행하지 않고 묘당廟堂에서 행하는 것은 백은 분묘에 묻혀 있는 육체와 함께 저세상으로 돌아가므로 여기에서는 죽은 자와 산 자의 만남이 일어날 수 없다고 생각하였기 때문이다. 분묘는 죽음의 공간이지만 묘당은 생의 공간이고, 종묘의 제사는 길례지만 장송의 의례는 흉례로 분류된다. 왕실에서는 종묘와 능묘陵墓, 일반 사대부에서는 가묘와 묘소로 대응한다. 묘에 체백體魄을 모시고 떠돌아다니는 정신(혼)을 집의 가묘에서 제사하도록 하였는데, 여묘는 이러한 이해에서 벗어나는 것으로 보았다. 하지만 이곡이나 이색은 묘소 중심의 제사도 효의 실천이라는 큰 의리에 위배되지 않는다고 보았다. 상장례는 기왕의 습속을 중시하므로 변하기 쉽지 않은 데다가, 전통적인 여묘는 고례는 아니지만 유교의 효 윤리를 실행하는 데 기여하는 바가 컸기 때문이다.

고려 시대에는 묘소에서 행하는 여묘살이를 노비가 대신하는 경우가 많았다. 성종 대에 노비가 여묘廬墓를 대신하고 그 대가로 면천免賤의 기회가 제공되었다. 고려 후기에도 대수代守라고 하여 부모의 상을 당하여 장례를 치른 후 분묘 옆에 여막을 짓고 돌보는 일을 상주喪主가 하지 않고 노비가 대신하였다. 국가에서 효의 기풍을 확산시키기 위해 여묘를 장려했지만 관료들은 그 필요성을 느끼지 못하여 노비가 대신하도록 했고, 노비들은 이를 천한 신분에서 벗어나는 기회로 활용하였다. 이는 유교에서 말하는 효의 본래 취지에 맞지 않는 것일 뿐만 아니라 효 실천의 의미를 제대로 파악하지 못한 것으로 국가의 유교 진흥책에 부응해서 형식적인 여묘가 행해지고 있었음을 보여주는 것이다. 이에 노비에 의한 대리 여묘에 대한 비판이 제기되고, 유교의 예제를 강조한 원 간섭기에는 이를 금지하는 법령이 제정되었다. 충숙왕 후8년(1339) 5월 감찰사에서는 "부모의 분묘를 자신이 지키지 않고 가노家奴로서 대신하니 어찌 효라고 할 수 있는가?" 하여 대리 수묘守墓를 엄금하였다. 유교적 예의 정신에 맞는 효의 실천을 강조한 것이라 할 수 있다. 이곡은 인간 본연의 효의 실천을 위하여 가묘나 묘소나의 장소 중심의 제사 여부보다 마음에서 우러나오는 효, 곧 친묘親廟를 주장하였다. 요컨대 효의 실천을 유교 본래의 정신에 맞게 본인이 직접 행하고 가묘를 세워 집안에서 제사를 지내도록 하였고, 노비가 대신 여묘를 행하는 것에 대해서는 비판적 의견을 제시하였다. 그리고 효의 발현을 통한 부모와 그 자손에 이르는 가족, 종족의 결합을 도모하고 윤리 의식을 고양하며 인간의 가치 실현, 도덕 사회의 실현 가능성을 제시하였다.

유교의 생활화, 사회화는 유교 본래의 문제의식에 충실하여 인륜을 보편적 가치로 인정하는 것이다. 고려 후기 수용된 성리학은 유교 본래의 문제의식에 충실한 것이다. 중국 춘추 전국

시대 사유와 세습을 기반으로 발생한 약육강식의 논리가 횡행하며 법술을 위주로 정치를 행하였을 때 발생하는 쟁탈성을 해소해가는 방법으로 인륜에 대한 성찰과 제도화를 꾀하는 과정에서 유교가 탄생하였다. 고려 후기 성리학자들은 쟁탈성 해결이라는 유교 발생 당초부터 강조되었던 본래의 문제의식에 충실하여, 윤리 도덕의 확립을 주장하고 개혁 정치의 이념적 근간으로 삼았다.

이는 고려 후기 성리학을 수용하고 오륜을 천리로 하는 실천 윤리를 강조하며 유교의 사회화를 도모한 것이다. 유교는 인륜=오륜을 사회 국가를 유지하는 지배 원리로 하여 교화라는 이름으로 인륜의 확립을 도모하였다. '화민성속化民成俗'·'선속善俗'·'풍화風化' 등은 인륜과 교화의 다른 표현으로, 학교를 세우고 인륜을 교화하는 것은 훌륭한 인재[良材]를 얻고 올바른 풍속[善俗]을 유지하는 방법이며 유교 정치의 구현이라고 할 수 있다. 고려 후기 이후로 이러한 성리학의 수양 윤리론 중심의 논의가 철학적인 논리 체계로 심화되고, 이러한 이론 심화의 바탕 위에 정치·사회적 확산이 이루어지고 문치 사회의 이론적 근거가 마련되고 있었다. 성리학에서 천리를 만물 일체의 인仁으로 규정하고 있듯이, 나와 가족, 이웃과 나라로 자의식의 영역을 확대하고 현재에서 미래로 그 영역을 넓힘으로써 자신의 존재 의미를 성찰할 수 있는 학문적, 사회적 기반을 만들고자 시도하였다. 이는 사유와 세습을 통한 쟁탈이 빈번한 사회현실에서, 삼강오륜이라는 인륜에 대한 성찰을 재확인하고 이를 제도화하는 수단으로써 입현공치立賢共治라는 유교의 정치론을 제시함으로써 유교적 문치 사회를 구현하고자 했던 것이다.

요컨대 명은 원과 달리 천자·제후의 사대 관계를 유지하면서, 성인의 교화가 조선의 사정에 맞게 자유롭게 이루어지도록 하는 정치적 자율성을 인정하였다. 이러한 여건 속에서 고려는 명과의 천자·제후라는 명분적 위계적 상하 관계는 유지하고 또한 한족 중심의 유교 문화를 수용하여 동아시아 최고의 문명을 습득하고 자기화하여 독자의 문화를 이루고자 하였다. 이때 원과 고려의 긴밀한 관계를 통하여 형성된 중국과 고려의 개방과 소통, 문물 교류의 확장은 조선 사회가 유교 문화를 대폭 수용하여 받아들일 수 있는 길을 열었고, 세종 대의 독자적인 문화 창달의 지적 배경이 되었으며, 16세기 성리학 독존 시대를 이루며 조선적 유교 문치를 이루는 배경이 되었다.

에필로그

원 간섭기를 어떻게 볼 것인가?

한국사에서 고려와 원의 관계는 전통적인 중국과의 관계에서 특이한 위치를 점한다. 전통적인 중국과의 조공·책봉 관계가 형식적이고 의례적인 관계였다고 한다면 이 시기는 원나라의 지배와 간섭을 받아 그 이전보다 강한 외압을 받는 시기였기 때문이다. 또한 이 시기는 세계 제국으로 문명의 중심지인 원과 긴밀한 관계를 맺고 세계 문화를 받아들이는 시기였기 때문에 종래 동아시아 변방의 위치에서 세계사의 무대로 나아가는 시기이기도 하였다. 그러므로 세계 제국 원나라와 고려의 국제 관계의 특징과 그 외압의 성격을 살펴보고, 받아들인 원나라의 세계 선진 문화 수용의 성격을 알아보는 것은 전근대 한국사에서 중국과의 사대 관계에서도 국가를 유지하고 선진 문화를 수용하는 보편적인 특성과 함께 특별한 성격을 이해하는 데 많은 시사를 줄 것이다.

고려의 역사에서 원 간섭기는 원종 즉위년(1259) 몽골과 강화를 맺은 때부터 공민왕 5년(1356) 반원 개혁이 마무리되는 시점까지를 가리킨다. 이 시기를 규정하는 원 간섭기라는 용어는 한국사의 내재적 발전이라는 사관에 기초하여 제시된 것으로, 고려가 원의 직접 지배를 받은 것이 아니라 정치적·군사적 간섭에도 불구하고 자주 국가로서 존속하였다는 사실을 보여주고자 한 것이었다.

그런데 당시 유교 지식인들의 인식은 이상의 시선과는 상반된 것으로 보인다. 최해는 "지금 원나라가 위에 있어 지극한 인과 풍성한 덕을 베풀어 천하를 기르고 있다. 고려는 첫 번째로 귀부하였기 때문에 대대로 원나라 황실과 혼인하고 엄격하게 법도를 잘 지켜 상하가 서로 즐거워하며 변경에 조그만 긴장도 없이 풍년이 들고 있으니, 실로 천년 만에 오는 태평성대"라고 평가하였고, 이색은 "원나라가 일어난 지 백년이 지나면서 문치가 행해져 사방의 학사들은 자신의 재능을 발휘하여 한 시대의 성황을 이루고 있다"고 하였다.

더욱이 유학자들은 원종의 왕실 혼인 제안과 충렬왕의 원 공주와의 혼인으로 원과의 긴밀한 관계가 진전되어 태평성대를 이루었다고 평가하기도 하였다. 정도전은 원종에 대하여 "원나라 세조 황제를 양초梁楚의 교외에서 뵈니 세조 황제가 가상히 여겨 공주를 세자에게 시집보내기까지 하였다. 이로부터 대대로 장인과 사위의 좋은 인연을 맺어 동방의 백성들도 백년 태평의 낙을 누리게 하였으니, 역시 칭찬할 일이었다"고 하였다. 충렬왕에 대해서는 "천자가 가상하게 여기고 공주를 하가시켰다. 공주가 이르자, 부로들이 즐거워하여 서로 기뻐하기를, '백 년 동안의 전쟁 끝에 태평한 시기를 다시 보니, 미처 생각하지 못하였던 일이다' 하였다"고 평가하였다. 고려 왕과 원 공주와의 왕실 혼인을 긍정하고 태평성대를 이루는 계기라고 이해하였던 것이다.

처음 몽골족이 고려를 침입하였을 때 고려는 몽골을 가장 흉악하고 잔인하며 몽매함이 짐승보다 심하여, 지나가는 곳마다 불상과 범서梵書를 불태웠고 특히 부인사符仁寺에 소장된 대장경 판본을 불태워 버려 나라의 큰 보배를 없앤 문화의 파괴자로 이해하였다.

하지만, 고려는 대몽 항쟁과 개경 환도, 중국과의 새로운 관계, 무엇보다도 원의 한화 정책을 목도하며 중국 정통 왕조의 하나인 천자국, 문명의 중심국이라는 인식의 대전환을 하게 되었다. 몽골은 자신의 정체성을 잃지 않으면서 중국 문화를 받아들이는 정책을 전개했고, 그리하여 몽골(원) 제국이 유목적 성격을 유지하되 중국 문화를 수용하고 중국의 정통 왕조의 일원으로 참여하여 문명, 문화 국가를 이룩하였다. 고려는 이러한 몽골(원)과 사대 관계를 유지하면서, 원의 유교 문화를 수용하여 전통적인 고려 문화의 변용과 재창조 작업을 추진하였다. 그리하여 고려는 원을 천자국, 중국의 정통 왕조를 계승한 문명국가로 파악하고, 배우고 본받아야 할 선망의 대상으로 보았다. 말하자면 원나라는 고려를 변화시키는 외재적 계기를 마련해 주었다고 할 수 있다.

고려인들의 원으로의 진출은 긍정적이고 갈망하는 바가 되었다. 김동양이 "지금 원나라는 드높고 휘황하다. 처음에는 무공으로 천하를 평정하였으나, 지금은 문리 文理로 천하(海內)를 교화시키고 있는데, 남아가 시골 한구석에서 일 하나에 얽매어 있을 수 없는 일이니, 북쪽 중국에 가서 배울 것이다" 하였다. 이에 이곡은 김동양을 군자다운 사람으로 행동과 문장에서 의욕이 넘쳐흐르니 원에서 많은 것을 배우고 익힐 것이라고 권면하였다. 당시에 고려는 세계 제국 원의 정치·군사적 힘뿐만 아니라 사회·문화에 압도되어 신진 사류의 기예일수록 원의 과거에 합격하는 것을 영광으로 여겼다. 그리고 원 문화를 수용하여 고려 사회를 바꾸어 나가고 개혁 정치에 활용하고 유교적 이상 사회를 실현하고자 하였다. 앞서 언급한 유교 경전으로 고려 현실에서 창안된 『조선경국전』·『오경천견록』이 개혁 정치나 왕조의 이념으로 참고되고 조선의 유교적 문명사회의 모델로 활용되었던 것은 이를 잘 보여준다.

이제현·최해·이곡·이색·정도전·권근 등 원 간섭기에 활동한 유학자나 그를 계승한 학자들은 원의 정치적 간섭이라는 부정적 환경 속에서도, 자신들이 국가의 독립과 군신 질서를 안정시키고 정치 운영의 합리화를 모색하며 원나라의 보편 문화를 수용하여, 국가 체제를 개조하고 유교 문명사회를 실현할 수 있음을 확신하였다. 또한 그러한 확신은 당대 사회를 긍정하는 것으로 표출되었다. 이는 현대의 한국사 연구자들이 식민 사관의 극복을 목표로 외세의 침략에 대응하는 자주와 개혁의 역사라는 시선에서 원나라에 의해 훼손된 국가의 자주성과 개혁의 미진함을 원 간섭기 고려에서 보았던 것과는 상반된다. 그 점에서 역사는 현재의 시선으로 과거를 해석하고 이를 바탕으로 미래를 지향하는 당대사이면서 동시에 미래학이라는 사실을 새삼 확인하게 된다.

역사는 현재와 과거의 끊임없는 대화라고 하듯이 과거 역사에 대한 이해는 현재적 문제의식과 연관된다. 고려를 둘러싼 동아시아 질서를 염두에 두면 원의 강력한 간섭에도 불구하고 지켜냈던 고려의 국가와 역사공동체, 그리고 성리학을 핵심으로 하는 동아시아 유교 문명사의 흐름에 동참하여 구성해낸 문화의 고유성, 유교적 문치 사회를 구현하고자 했던 흔적들은, 성찰적 탐색을 기다리는 오래되었지만 새로운 대상으로 다가온다.

참고문헌

1. 자료

『고려사』『고려사절요』『조선왕조실록』『동국이상국집』『졸고천백』『익재집』『가정집』『목은집』『도은집』『양촌집』『삼봉집』『동문선』『신증동국여지승람』『송사』『원사』『노재유서』

국사편찬위원회의 한국사데이터베이스의 한국 고전의 원문과 번역
한국고전번역원의 한국고전종합DB의 원문과 번역

2. 단행본

강문식, 2008,『권근의 경학사상연구』, 일지사.
고병익, 1994,『東亞交涉史의 연구』, 서울대출판부.
고혜령, 2001,『고려후기 사대부와 성리학 수용』, 일조각.
權重達, 1998,『中國近世思想史硏究』, 중앙대출판부.
김광철, 2018,『원 간섭기 고려의 측근정치와 개혁정치』, 경인문화사.
김순자, 2007,『韓國 中世 韓中關係史』, 혜안.
김용섭, 2015,『東아시아 역사 속의 한국문명의 전환 - 충격, 대응, 통합의 문명으로』(신정·증보판), 지식산업사.
金惠苑, 1998,『高麗後期 瀋王 硏究』, 이화여대박사논문.
金洪徹, 2004,「許衡의 思想과 元代 朱子學의 定力 - 實踐躬行과 朱子學 官學化와 關聯하여」, 한양대학교 박사논문.
노관범, 2014,『고전통변』, 김영사.
도현철, 1999,『高麗末 士大夫의 政治思想 硏究』, 일조각.
_____, 2011,『목은 이색의 정치사상연구』, 혜안.

_____, 2013, 『조선전기정치사상사』, 태학사.

_____, 2021, 『이곡의 개혁론과 유교 문명론』, 지식산업사.

閔賢九, 2004, 『고려정치사론』, 고려대출판부.

박종기, 2019, 『고려열전 – 영웅부터 경계인까지 인물로 읽는 고려사』, Humanist.

邊太燮, 1986, 『『高麗史』의 硏究』, 삼영사.

성백용 외, 2021, 『사료로 보는 몽골 평화시대 동서문화 교류사』, 이화여자대학교출판문화원.

矢木毅, 2012, 『韓國·朝鮮史の系譜』, 塙書房/야기 다케시 지음·박걸순 옮김, 2015, 『한국사의 계보』, 소와당.

윤용혁, 2014, 『삼별초–무인정권·몽골 그리고 바다로의 역사』, 혜안.

_____, 2015, 『한국해양사연구』, 주류성.

이곡 지음, 이상현 옮김, 2007, 『국역가정집』 1-2, 민족문화추진회.

이봉규, 1996, 『宋時烈의 性理學說 硏究』, 서울대박사논문.

이색 지음, 이상현 옮김, 2000~2002, 『국역목은집』 1-11, 민족문화추진회.

이승한, 2015, 『몽골과 고려 ③ 고려왕조의 위기 혹은 세계화시대』, 푸른역사.

이익주, 1996, 『高麗·元 關係와 高麗後期 政治體制』, 서울대박사논문.

이종묵 외 6인, 2021, 『조선에 전해진 중국문헌』, 서울대학교 출판문화원.

李泰鎭, 1989, 『朝鮮儒敎社會史論』, 지식산업사.

張東翼, 1994, 『高麗後期外交史 硏究』, 일조각.

정요근 외, 2019, 『고려에서 조선으로』, 역사비평사.

鄭恩雨, 2004, 『高麗後期 佛敎彫刻 硏究』, 문예출판사.

정재훈, 2005, 『조선전기 유교정치사상연구』, 태학사.

周采赫, 2009, 『몽·려전쟁기의 살리타이와 홍복원』, 혜안.

池斗煥, 1994, 『朝鮮前期 儀禮硏究』, 서울대출판부.

森平雅彦, 2013, 『モンゴル覇權下の高麗』, 名古屋大學出版會.

杉山正明, 1996, 『モンゴル帝國の興亡』, 講談社 現代新書/스기야마 마사아키 지음, 임대희·김장구·양영우 옮김, 2004, 『몽골 세계제국』, 신서원.

3. 논문

김경룡, 2006, 「명대 지식인의 조선인식과 양국의 防北정책」, 『명청사연구』 25.

김난옥, 2017, 「고려후기 몽골 관직 承襲과 군신관계」, 『한국사연구』 179.

金成俊, 1988, 「朝鮮守令七事와 『牧民心鑑』」, 『민족문화연구』 21.

金陽燮, 1988, 「遼·金·宋 三史 編纂에 대하여」, 『中央史論』 6.

김용섭, 2000, 「高麗刻本 『元朝正本農桑輯要』를 통해서 본 『農桑輯要』의 撰者와 資料」, 『韓國中世農業史研究』, 지식산업사.

김윤정, 2017, 「관복제의 변화와 문화적 지향」, 『역사비평』 121.

_____, 2018, 「14세기 고려의 國俗 재인식과 胡服 착용의 再考」, 『한국사상사학』 59.

_____, 2018, 「고려의 문화의식과 土風·華風의 관계」, 『한국중세사연구』 55.

_____, 2019, 「李穀의 사회관계망과 在元 고려인 사회 – 『稼亭集』에 대한 분석을 중심으로」, 『학림』 44.

_____, 2020, 「13~14세기 고려 지식인의 시대 인식과 정체성」, 『역사와 현실』 115.

김인호, 2002, 「고려의 元律 수용과 高麗律의 변화」, 『韓國史論』 33, 국사편찬위원회.

_____, 2003, 「元의 高麗 認識과 高麗人의 대응 – 法典과 文集 내용을 중심으로」, 『韓國思想史學』 21.

김종진, 1982, 「崔瀣의 士大夫意識과 詩世界」, 『民族文化研究』 16.

김형수, 2001, 「원 간섭기의 國俗論과 通制論」, 『한국중세사회의 제문제』.

_____, 2009, 「고려후기 元律의 수용과 法典編纂試圖」, 『전북사학』 35.

김혜원, 1989, 「麗元王室婚姻의 成立과 特徵」, 『이대사원』 23·24.

김호동, 2012, 「고려의 위상」, 『몽골제국과 고려』, 서울대학교출판부.

_____, 2015, 「몽골제국의 세계정복과 지배: 거시적 시론」, 『역사학보』 217.

도현철, 2006, 「이색의 서연강의」, 『역사와 현실』 62.

_____, 2017, 「원 간섭기를 어떻게 볼 것인가」, 『쟁점한국사』(전근대편), 창비.

_____, 2018. 11, 「여말선초 성리학의 수용과 문치 확대」, 『역사비평』 124.

_____, 2018. 12, 「조선건국기 성리학 지식인의 네트워크와 개혁사상」, 『역사학보』 240.

末松保和, 1951, 「朝鮮經國典再考」, 『和田博士還曆記念東洋史論叢』/『青丘史草』 제2, 1966.

文喆永, 1982, 「麗末 新興士大夫의 新儒學 수용과 그 특징」, 『韓國文化』 3.

朴文烈, 2019, 「高麗版『禮記集說』의 殘存本에 관한 硏究」, 『書誌學硏究』 77.

박원호, 2007, 「鐵嶺衛 설치에 대한 새로운 관점」, 『韓國史硏究』 136.

박종기, 1994, 「총론: 14세기의 고려사회 - 원 간섭기의 이해문제」, 『14세기 고려의 정치와 사회』, 민음사.

_____, 2011, 「원 간섭기 역사학의 새 경향 - 當代史 연구」, 『한국중세사연구』 31.

백옥경, 2008, 「麗末鮮初 偰長壽의 政治活動과 現實認識」, 『朝鮮時代史學報』 46.

안병우, 1994, 「고려후기 농업생산력 발달과 농장」, 『14세기 고려의 정치와 사회』, 민음사.

_____, 2009, 「원 단사관(斷事官)과 고려의 사법권」, 『문화로 보는 한국사 5, 세계 속의 한국사』, 태학사.

양강, 2021, 「설장수의 인적 네트워크와 『직해소학』의 편찬」, 연세대 석사학위 논문.

유영철, 1994, 「「高麗牒狀不審條條」의 재검토」, 『한국중세사연구』 1.

윤훈표, 1997, 「고려말 설장수의 축성론」, 『한국사상사학』 9.

_____, 2006, 「고려말 개혁정치와 육전체제의 도입」, 『학림』 27.

이강한, 2010, 「1325년 기자사 재개의 배경 및 의미」, 『한국문화』 50.

_____, 2018, 「고려 충선왕의 직물 생산 전략 연구」, 『한국사연구』 180.

_____, 2018, 「몽골과의 전쟁과 교류」, 『21세기에 다시 보는 고려시대의 역사』, 혜안.

이명미, 2016, 「고려 국왕의 몽골 入朝양상과 국왕권의 존재형태」, 『한국중세사연구』 46.

_____, 2017, 「고려에 하가(下嫁)해 온 몽골 공주들의 정치적 위치와 고려-몽골 관계: 제국대장공주(齊國大長公主)의 사례를 중심으로」, 『이화사학연구』 54.

_____, 2017, 「성지(聖旨)를 통해 본 정치 외교 환경」, 『역사비평』 121.

이미지, 2014, 「13세기 고려 기록에 나타난 몽고와 그에 투영된 고려인」, 『만주연구』 17.

이봉규, 2007, 「권근(權近)의 경전 이해와 후대의 방향」, 『韓國實學研究』 13.

이상민, 2018, 「고려시대 여묘의 실천과정과 효 윤리 변천과정」, 『역사와 담론』 66.

이성규, 2003, 「韓國 古代 國家의 形成과 漢字 受容」, 『한국고대사연구』 32.

이익주, 1992, 「충선왕 즉위년(1298) 개혁정치의 성격 – 관제 개편을 중심으로」, 『역사와 현실』 7.

_____, 1994, 「고려후기 몽골침입과 민중 항쟁의 성격」, 『역사비평』 24.

_____, 1996, 「高麗 對蒙抗爭期 講和論의 研究」, 『歷史學報』 151.

_____, 1996, 「고려·원 관계의 구조에 대한 연구」, 『한국사론』 36.

_____, 2009, 「고려-몽골 관계사 연구 시각의 검토-고려 몽골 관계사에 대한 공시적, 통시적 접근-」, 『한국중세사연구』 29.

_____, 2010, 「세계 질서와 고려-몽골관계」, 『동아시아 국제질서 속의 한중

_____, 2015, 「1356년 공민왕 反元政治 再論」, 『역사학보』 225.

_____, 2016, 「14세기 후반 고려-원 관계의 연구」, 『동북아역사논총』 53.

_____, 2016, 「1219년(高宗 6) 고려-몽골 '兄弟盟約' 再論」, 『동방학지』 175.

_____, 2019, 「14세기말 원·명 교체와 고려왕조의 외교 실패」, 『내일 읽는 한중관계사』, 알에치코리아.

이정신, 2003, 「永寧公 王綧을 통해 본 고려와 몽고 관계」, 『고려시대의 정치 변동과 대외정책』, 경인문화사.

이종서, 2003, 「高麗後期 이후 '同氣' 理論의 전개와 血緣意識의 變動」, 『東方學志』 120.

_____, 2015, 「고려후기 상반된 질서의 공존과 그 역사적 의미」, 『한국문화』 72.

_____, 2015, 「고려후기 얼자(孼子)의 지위 향상과 그 역사적 배경」, 『역사와 현실』 97.

_____, 2019, 「고려말 신분질서와 정도전의 왕조교체 세력 합류」, 『역사와 현실』 112.

이진한, 2019, 「高麗末·朝鮮初 權漢功에 대한 世評의 變化」, 『민족문화연구』 85.

장동우, 2003, 「『經國大典』 禮典과 『國朝五禮儀』 凶禮에 반영된 宗法 이해의 특징」, 『한국사상사학』 20.

정다함, 2017, 「조선 태조대 요동 공격시도에 대한 재해석」, 『역사와 담론』 84.

정동훈, 2012, 「명대의 예제 질서에서의 조선국왕의 위상」, 『역사와 현실』 84.

_____, 2017, 「명 洪武帝의 명령이 고려에 전달되는 경로-聖旨의 문서화 과정을 중심으로-」, 『東洋史學研究』 139.

_____, 2017, 「고려 원종·충렬왕대의 親朝 외교」, 『韓國史研究』 177.

_____, 2019, 「명과 주변국의 외교관계 수립 절차의 재구성 – 이른바, '명질

서' 논의에 대한 비판을 겸하여 - 」, 『명청사연구』 51.

_____, 2020, 「1260~70년대 고려-몽골 관계에서 '歲貢'의 의미」, 『진단학보』 134.

정호훈, 2014, 「15세기 『소학』 학습과 주석서(注釋書)」, 『조선의 소학』, 소명출판사.

趙志晩, 1999, 「朝鮮初期 『大明律』의 受容過程」, 『법사학연구』 20.

周采赫, 1988, 「元 萬卷堂의 設置와 高麗儒者」, 『孫寶基博士停年紀念韓國史學論叢』.

채웅석, 2003, 「원 간섭기 성리학자들의 화이관과 국가관」, 『역사와 현실』 49.

_____, 2012, 「『제왕운기』로 본 이승휴의 국가의식과 유교 관료정치론」, 『국학연구』 21.

_____, 2012, 「31. 경천사 십층 석탑」, 『한국금석문집성(35)』, 한국국학진흥원·청명문화재단.

최봉준, 2013, 「이곡의 기자 중심의 국사관과 고려·원 典章調和論」, 『한국중세사연구』 36.

최종석, 2013, 「조선초기 국가이상과 '聲教自由'」, 『한국사연구』 162.

현수진, 2019, 「고려시기 伊尹故事와 그에 나타난 군신관계」, 『역사학보』 244.

찾아보기

ㄱ

가마쿠라鎌倉 막부 39
가묘家廟 185
각염제 120
감국監國 149
감진색監進色 145
강군보 74
강윤소 122
강윤충 122
강융 75
강화도 35
강화론講和論 31, 36, 111
강회백 149
개봉開封 33
개체 116, 125, 167
게양현(광동성) 68, 130
게이충揭以忠 91
게헤사揭傒斯 87
경敬 148
『경국대전』 184
경명행수지사經明行修之士 141
경법敬法 147
『경세대전』 139, 155, 156
『경제문감』 155, 156
경천사 석탑 74
경천사지 10층 석탑 74, 75
경화공주 58
계품사 172
『고금록』 85
『고려사』 76
고려첩장불심조조 38
고리기스闊里吉思 121
고용보 71, 72, 74, 75, 76
공녀貢女 89, 114
공마貢馬 101
공민왕 97
공양왕 옹립 169
「광통보제선사비문」 145
교정별감 49
구양현 139
구육 20
국란國亂 68
국속론國俗論 91
국자감 23, 127, 138
국학 119, 180
군주성학君主聖學 135
권근 136, 137, 144, 147, 151, 160, 172, 181
권두提頭 145
권점圈點 145
권중화 122, 171
권학사목勸學事目 181
권한공 66, 69, 130, 138
『근사재일고』 163
『금경록金鏡錄』 85
금나라 20, 28, 33
『금사』 24
기자 79, 81, 82, 83, 84
기자사箕子祠 82
기자오 71
기자 조선 81
기주奇柱 74
기철 72
기황후 71, 74, 76
『길속기吉續記』 38
「김공행군기」 85
김구 115
김구용 143

김동양 123, 192
김득배 98
김륜 67, 68, 69
김반 144, 151
김보생 102
김사형 172
김세충 35
김영돈 69, 130
김윤후 32
김의 101
김일자 144, 151
김저 168
김종리 144
김취려 85
김평묵 53

ㄴ
나하추納哈出 100, 104, 106
남송 20, 42, 50
『노걸대』 174
노비제 개혁 121
노영희 36
『논어』 135
『농상집요』 120

ㄷ
다나까 미스아키 75
다인철소多仁鐵所 31
단군 79, 80, 81, 84
단사관斷事官 57
당대사當代史 84
당성唐城 164, 174
대리大理 20, 105
『대명률』 155, 157, 158, 177
『대명률직해』 164
대몽골울루스 52
대부사묘제의大夫士廟祭議 184
『대원통제大元通制』 158

『대학』 26, 135, 182
도스마朶思麻 65
도치朶赤 71
도통道統 140, 159
도학전道學傳 24
독서삼품과 180
동성 혼인 금지령 111

ㅁ
마경수馬坰秀 157
마단림馬端臨 156
만권당 127, 129
『맹자』 31, 93, 135
명 사신 살해 101, 103
『명이대방록』 66
명이행明夷行 66
『목민충고牧民忠告』 121
『목은시정선牧隱詩精選』 151
몽골어 156, 173
무종 60
문리文理 124
문명 전환 54
문명국가 178
문묘文廟 159, 161
문합자불화文蛤刺不花 104
『문헌통고』 156
뭉케 20
미래학 193
민광미 174
민선 133
민종유 67
민지 84
밀양인 41

ㅂ
바이주拜住 65, 66
박상충 101, 143
박서 31

박의중 143
박전지 128
박첩목아불화朴帖木兒不花 71
『박통사』 174
박항 116
「반궁수조비문泮宮修造碑文」 145
반원 개혁 108
방화龐和 174
배신陪臣 89
배중손 36
백성이 마음으로 94
「백자비百字碑」 145
백화문 165, 166, 173
베델 75
베시게別失哥 72
베트남 42
변계량 160
변발 98
복중상서服中上書 141
부인사符仁寺 191
불개토풍不改土風 64, 89, 114, 121

ㅅ
사림원 120
사사체제四司體制 57
『사서』 173
『사서집주』 24, 127, 135
『사서통四書通』 136
사스카撒思結 65
사역원 164, 173, 174
살리타撒禮塔 29, 58
삼강오륜 130, 177, 188
『삼강행실도』 164
『삼국유사』 79
삼년상 141, 144, 184
삼만위三萬衛 106
삼별초 31, 34, 36, 38, 39, 40, 41, 42, 50, 129

삼종지의三從之義 129
새로운 정치[新政] 90, 124
서거정 151
서사호徐師昊 105
서오거書五車 133
선광宣光 102, 144
설사偰斯 100, 164
설손偰遜 163
설순 164
설장수 163, 164, 165, 166, 168, 171, 172
성교자유聲敎自由 177
성균관 127, 132, 142, 145
성리학 24, 27, 87, 111, 127, 128, 131, 132, 135, 148, 151, 159, 183, 187, 193
성석린 157
성준成遵 139
『성학집요』 162
『세대편년절요』 84, 85
세조구제世祖舊制 64, 84, 114, 117
『세조사적世祖事跡』 85
소루邵壘 102
소중화小中華 180
소천작 133
소태보 118
『소학』 25, 26, 159, 173, 174, 181, 182
송본宋本 87
『송사』 24
수검통고지법搜檢通考之法 143
수령守令 94
수령 오사 121
수조手詔 165
숙위宿衛 128
시비법施肥法 120
신예 74
신의군 34, 36
실신失身 162
실절失節 162
실천 윤리 132, 147, 159

심덕부 102
심양왕 60
심왕瀋王 66, 67, 68, 101, 102
쌍성총관부 폐지 98

ㅇ
아릭 부케 20
안남 24
안축 67
안향 128, 142
야별초 34, 35
야율유상耶律有 27
양유중 22
얼자의 관직 진출 122
여묘 184, 185
『예기』 183
『예기집설』 137
『예기천견록』 137
오경사서재五經四書齋 127
『오경천견록』 136, 192
오랑캐 옷[胡服] 107
오륜 131, 187
오양우 85
오잠 61, 63
오징 137, 160, 161, 162
왕고王暠 61, 67, 101
왕관王觀 62, 114
왕기王祺(공민왕) 87, 91
왕도王燾 61
왕도 정치 95
왕실 근친혼 119
왕실 족내혼 120
왕실 혼인 42, 49, 53, 129, 190
왕심王諶 52
왕온王溫 36
왕요 169
왕전王佺 46
왕준 59

왕창 49
왕후王煦 91
왕희 64
왜인倭人 123
요동도사 103
『요사』 24
요양행성 58, 60
요추 22
우계지牛繼志 139
우구데이 20
우문공량宇文公諒 139
우성량 145
우우牛牛 171
우종주 40
원 간섭기 190
원각사지 10층 석탑 76
원나라 장인 75, 76
『원사』 121
원의 풍속[元俗] 115
『원조비사』 24
원종 53, 115, 190
월지국月支國 123
위구르족(색목인) 163
위시량魏時良 151
위정척사파 53
위화도 회군 169, 175, 178
유교 문명 83, 132, 178, 193
유목 국가 19, 33
유숙 98
유승단 31
유존혁 36
유청신 61, 63
유학제거사 128, 142
유홍익 40
육사事 63, 64, 114
윤선좌 66
윤소종 147
응거시應擧試 129

의관개변衣冠改變 116
의관개변령 167
이곡 61, 68, 74, 87, 88, 89, 91, 92, 93, 95, 114, 117, 123, 124, 129, 130, 133, 138, 141, 192
이규보 29, 180
이문吏文 173, 178
이민도 164
이방우 149
이방원(태종) 149
이색 54, 99, 107, 128, 133, 136, 137, 138, 142, 144, 145, 146, 148, 149, 150, 151, 159, 163, 168, 175, 181, 190
이성계 104, 107
이숭인 143, 147, 167
이승휴 80, 81, 83, 84, 180
이신손 36
이원굉 169
이윤伊尹 69
이이 161
이인복 99, 143
이인임 102
이자송 157
이정 122
이제현 63, 64, 65, 66, 68, 69, 91, 98, 131, 151
이조년 67
이지백 118
이천년李天年 181
이파李坡 161
이황 161
인당印璫 98
일량즉량一良則良 121
일본 42
일본과 탐라 공격 57
일시동인一視同仁 123
일천즉천一賤則賤 121
임박 143

임연 49, 84
임유무 36
입성立省 58, 60, 61, 65
입현공치立賢共治 188

ㅈ

자계서당滋溪書堂 133
자문咨文 165
자정원사 71
장기(포항) 171
장기암張起巖 87
장부 145
장승張昇 87
장안사 74
장양호 121
장자莊子 133
장자온 101
재상 가문 120
전마戰馬 105
전민계점사田民計點使 90
전민변정도감 98
전영도 122
정가신 84
정도전 53, 101, 107, 122, 147, 155, 159, 160, 164, 171, 175, 178, 190
정동행성 57, 58
정료도위定遼都衛 101
정몽주 104, 136, 143, 150, 167
정방 98, 141
정이천 159, 183
정치도감 74
제2차 표전 사건 171
제구유耆舊 29, 48
제국공주 52
『제왕운기』 79, 80, 83
제주도 35, 38
조공朝貢 45, 48
조공·책봉 45, 46, 48, 56, 100

조근朝覲 45, 47
조련 85
조복 22
조서詔書 165
『조선경국전』 155, 156, 157, 158, 192
조양필 46
조운로 35
조일신 98
조적 58
조정曹正 174
조준 121, 125, 147, 164, 183
조진趙瑨 102
『주례』 155, 156
『주역周易』 22, 66
『주역찬언周易纂言』 137
『주자가례』 149, 181, 183, 184
주탁 145
주희 24, 133, 135, 136, 137, 182, 183
중도中都 33
『중용』 123, 135
중조重祚 46, 57, 108, 150
중통 21
중화의 제도 125
증견曾堅 139
지식 네트워크 88
지원 21
『지정조격至正條格』 157, 158
직신直臣 89
『직해소학』 173, 174
진덕수眞德秀 161
진도 35
진려陳旅 87
진련陳璉 151
진향사 172
진헌반전색進獻盤纏色 105
진호 137
집현원 22

ㅊ

참파 왕조 42
채침 161
채하중 122
채홍철 66, 90, 122
책문策問 143
천리인욕설天理人欲說 147
『천추금경록千秋金鏡錄』 84
천축天竺 123
천하 동문天下同文 177
철령위 106
첨의부 57
청야淸野 전술 164
초적草賊 40
최문도 128
최성지 65
최승로 118
최안도 122
최영 106, 168
최우 31, 34
최유엄 121
최중연 74
최충헌 50, 129
최치원 83
최해 54, 190
『춘추전』 161
충렬왕 53, 60, 191
충선왕 60, 61, 65, 66, 90, 96, 119
충숙왕 82
충정왕 98
「충헌왕세가」 85
충혜왕 68, 69
측근 정치 96
친묘親廟 186
칭기스 칸 19, 20, 33

ㅋ

카라코룸和林 22, 100, 107

쿠릴타이 19, 21
쿠빌라이 20, 21, 22, 49, 50, 63, 64, 65, 112, 114, 116, 119, 129

ㅌ

탈고사첩목아脫古思帖木兒 106
탈탈脫脫 75, 161
태갑 69
태극 서원 22
태위왕太尉王 61
토번吐蕃 82
토울린頭麟 57
토풍土風 117, 118, 119, 126
『통전』 156
통제론通制論 91
투바投拜 29
투하령投下領 52
티베트吐蕃 65

ㅍ

파칸 왕조 42
『편년강목』 85

ㅎ

하륜 160, 167, 172
학교 118
한방 164
한복韓復 164
한사군의 설치 179
한어漢語 165, 166, 173, 174
한자 177
한화漢化 22, 54, 179
한화漢化 정책 85, 113, 114, 127, 156
항심恒心 93, 148
항전론 31
향교 93, 94
허국 151
허조 159

허형 23, 25, 26, 27, 140, 159, 160, 161
헐버트 75
형세形勢 113
형제 맹약 28, 84
형화荊華 174
혜시惠施 133
호병문 136
호복胡服 98, 115, 125, 167
호안국 161
혼하구자渾河口子 104
홍다구 59
홍대순 60
홍무洪武 144
홍무 연호 100
홍무제 150, 167, 168, 171, 172, 176
홍문계 36, 49
홍복원 58, 59, 61
홍자번 96
홍중희 58
홍즙洪楫 164, 174
화풍華風 117, 118, 119, 125
『효행록』 164
훈요 십조 118
훌레구 20
흑적黑的 49
흥국사 169